2016年全国专利代理人资格考试试题解析

中华全国专利代理人协会　编著

图书在版编目（CIP）数据

2016年全国专利代理人资格考试试题解析/中华全国专利代理人协会编著.—北京：知识产权出版社，2017.7（2018.5重印）（2018.12重印）（2019.7重印）（2019.9重印）

ISBN 978-7-5130-4947-4

Ⅰ.①2… Ⅱ.①中… Ⅲ.①专利—代理（法律）—中国—资格考试—题解 Ⅳ.①D923.425

中国版本图书馆CIP数据核字（2017）第130330号

内容提要

本书对2016年全国专利代理人资格考试各科试题进行了分析说明，方便广大考生复习、备考。

责任编辑：胡文彬　　　　　　　责任校对：潘凤越
装帧设计：麒麟轩设计　　　　　责任印制：刘译文

2016年全国专利代理人资格考试试题解析

2016 Nian Quanguo Zhuanlidailiren Zige Kaoshi Shiti Jiexi

中华全国专利代理人协会　编著

出版发行	知识产权出版社有限责任公司	网　址	http://www.ipph.cn
社　址	北京市海淀区气象路50号院	邮　编	100081
责编电话	010-82000860转8116	责编邮箱	wangruipu@cnipr.com
发行电话	010-82000860转8101/8102	发行传真	010-82000893/82005070/82000270
印　刷	三河市国英印务有限公司	经　销	各大网上书店、新华书店及相关专业书店
开　本	889mm×1194mm　1/16	印　张	10.25
版　次	2017年7月第1版	印　次	2019年9月第5次印刷
字　数	255千字	定　价	30.00元
ISBN 978-7-5130-4947-4			

出版权专有　侵权必究

如有印装质量问题，本社负责调换。

前　言

目前，2017年全国专利代理人资格考试的准备工作已经全面展开了，为了帮助参加2017年全国专利代理人资格考试的应试人员更好地进行复习，中华全国专利代理人协会组织编写了《2016年全国专利代理人资格考试试题解析》一书。本书按照专利法律知识、相关法律知识、专利代理实务三个科目的先后顺序进行编排。对于专利法律知识和相关法律知识两个科目，除给出每道试题的题目及答案之外，还在知识点部分指出了试题涉及的重要概念和出题知识点，在解析部分对每道试题的各个选项进行了具体分析，指出法律依据并说明了推理、判断过程。对于专利代理实务科目，则是在提供2016年度考试试题的基础上，对答题要点进行了说明并给出参考答案。

希望本书的出版对应试人员的复习、备考能够有所裨益。由于时间和水平有限，本书的疏漏或不当之处在所难免，敬请读者指正。

中华全国专利代理人协会
2017年4月

目　录

专利法律知识 ……………………………………………………………… (1)
相关法律知识 ……………………………………………………………… (75)
专利代理实务 ……………………………………………………………… (127)
　专利代理实务考试试卷 ………………………………………………… (129)
　2016年专利代理实务题答题要点及参考答案 ………………………… (145)

专利法律知识

答题须知：

1. 本试卷共有 100 题，每题 1.5 分，总分 150 分。
2. 本试卷要求应试者在机考试卷上选择答案。
3. 本试卷所有试题的正确答案均以现行的法律、法规、规章、相关司法解释和国际条约为准。

一、单项选择题（每题所设选项中只有一个正确答案，多选、错选或不选均不得分。本部分含 1—30 题，每题 1.5 分，共 45 分。）

1. 下列说法哪个是正确的？
   A. 发明专利申请经初步审查合格，自申请日起满 18 个月公告授权
   B. 专利申请涉及国防利益需要保密的，经国防专利机构审查没有发现驳回理由的，由国防专利机构作出授予国防专利权的决定
   C. 授予专利权的外观设计与现有设计或者现有设计特征的组合相比，应当具有明显区别
   D. 实用新型专利申请经实质审查没有发现驳回理由的，由国家知识产权局作出授予实用新型专利权的决定

【答案】C
【知识点】三种专利的审查制度　国防专利机构及其职能
【解析】《专利法》第三十四条规定，国务院专利行政部门收到发明专利申请后，经初步审查认为符合该法要求的，自申请日起满 18 个月，即行公布。国务院专利行政部门可以根据申请人的请求早日公布其申请。《专利法》第三十五条规定，发明专利申请自申请日起 3 年内，国务院专利行政部门可以根据申请人随时提出的请求，对其申请进行实质审查；申请人无正当理由逾期不请求实质审查的，该申请即被视为撤回。《专利法》第三十九条规定，发明专利申请经实质审查没有发现驳回理由的，由国务院专利行政部门作出授予发明专利权的决定，发给发明专利证书，同时予以登记和公告。发明专利权自公告之日起生效。由上述规定可知，发明专利申请须经过初步审查、公布、实质审查才能授予专利权，故 A 选项不正确。

《专利法实施细则》第七条第一款规定，专利申请涉及国防利益需要保密的，由国防专利机构受理并进行审查；国务院专利行政部门受理的专利申请涉及国防利益需要保密的，应当及时移交国防专利机构进行审查。经国防专利机构审查没有发现驳回理由的，由国务院专利行政部门作出授予国防专利权的决定。《国防专利条例》第十八条规定，国防专利申请经审查认为没有驳回理由或者驳回后经过复审认为不应驳回的，由国务院专利行政部门作出授

予国防专利权的决定,并委托国防专利机构颁发国防专利证书。由此可见,授予国防专利权的决定由国务院专利行政部门作出,国防专利机构接受委托颁发国防专利证书,故B选项错误。

《专利法》第二十三条第二款规定,授予专利权的外观设计与现有设计或者现有设计特征的组合相比,应当具有明显区别。故C选项正确。

《专利法》第四十条规定,实用新型和外观设计专利申请经初步审查没有发现驳回理由的,由国务院专利行政部门作出授予实用新型专利权或者外观设计专利权的决定,发给相应的专利证书,同时予以登记和公告。实用新型专利权和外观设计专利权自公告之日起生效。根据该规定,我国实用新型专利申请经初步审查合格后即授权,即对实用新型专利申请施行初步审查制度,所以D选项错误。

综上,本题正确答案为:C。

2. 甲于2013年7月7日完成一项发明创造,并于2013年7月8日下午到当地的专利代办处面交了专利申请;乙于2013年7月4日独立完成相同发明创造,并于2013年7月7日通过快递公司提交申请文件,专利局受理处于次日上午收到该申请文件。如果两件申请均符合其他授权条件,则专利权应当授予谁?

A. 甲
B. 乙
C. 甲和乙
D. 甲和乙协商确定的人

【答案】D

【知识点】递交日的确定 对同样发明创造的处理 先申请原则

【解析】《专利法》第二十八条规定,国务院专利行政部门收到专利申请文件之日为申请日。如果申请文件是邮寄的,以寄出的邮戳日为申请日。《专利审查指南2010》第五部分第三章第2.3.1节"受理程序"中规定,向专利局受理处或者代办处窗口直接递交的专利申请,以收到日为申请日;通过邮局邮寄递交到专利局受理处或者代办处的专利申请,以信封上的寄出邮戳日为申请日;通过速递公司递交到专利局受理处或者代办处的专利申请,以收到日为申请日。根据上述规定,甲的专利申请日应为其直接向当地专利代办处面交其专利申请的日期,即2013年7月8日;乙的专利申请日应为专利局受理处收到其申请文件的日期,即2013年7月8日。可见,甲、乙就同样发明创造提交专利申请的申请日相同。

《专利法》第九条第一款规定,同样的发明创造只能授予一项专利权。第二款规定,两个以上的申请人分别就同样的发明创造申请专利的,专利权授予最先申请的人。《专利法实施细则》第四十一条第一款规定,两个以上的申请人同日(指申请日;有优先权的,指优先权日)分别就同样的发明创造申请专利的,应当在收到国务院专利行政部门的通知后自行协商确定申请人。根据上述规定,对于甲、乙就同样的发明创造分别提出的专利申请,专利权应该授权先申请的人,如果两人的申请日相同,则应该自行协商确定申请人。

根据上述规定，专利权应该授权甲和乙协商确定的申请人，即 D 选项正确。

综上，本题正确答案为：D。

3. 根据《专利代理条例》下列哪个人或机构可以接受委托人的委托，以委托人的名义在代理权限范围内，办理专利申请或者办理其他专利事务？

  A. 专利代理人

  B. 专利代理机构

  C. 有专利代理资格证的人

  D. 有民事行为能力的自然人

【答案】B

【知识点】专利代理的概念

【解析】《专利代理条例》第二条规定，该条例所称专利代理是指专利代理机构以委托人的名义，在代理权限范围内，办理专利申请或者办理其他专利事务。《专利代理条例》第十七条规定，专利代理人必须承办专利代理机构委派的专利代理工作，不得自行接受委托。故 B 选项正确，A、C、D 选项错误。

综上，本题正确答案为：B。

4. 下列哪个属于实用新型专利保护的客体？

  A. 一种采用新程序控制的垃圾桶

  B. 一种制作卡通形象垃圾桶的模具

  C. 一种用于制作垃圾桶的新材料

  D. 一种为了美观而将外形设计为动物形象的垃圾桶

【答案】B

【知识点】实用新型专利保护客体

【解析】《专利法》第二条第三款规定，实用新型，是指对产品的形状、构造或者其结合所提出的适于实用的新的技术方案。《专利审查指南2010》第一部分第二章第6.1节"实用新型专利只保护产品"中规定，根据《专利法》第二条第三款的规定，实用新型专利只保护产品。所述产品应当是经过产业方法制造的，有确定形状、构造且占据一定空间的实体。……如果权利要求中既包含形状、构造特征，又包含对方法本身提出的改进，例如含有对产品制造方法、使用方法或计算机程序进行限定的技术特征，则不属于实用新型专利保护的客体。根据上述规定，虽然垃圾桶属于实用新型专利保护客体，但是如果对垃圾桶功能的改进是靠新控制程序实现的，即贡献在于新的计算机程序，而不是产品结构，则不能被授予实用新型专利权。A 选项所述的采用新程序控制的垃圾桶，包含对计算机程序的改进，因此不属于实用新型专利保护客体。

B 选项所述制作卡通形象垃圾桶的模具，其保护主题是模具，涉及产品形状构造的改进，故属于实用新型专利保护客体。

《专利审查指南2010》第一部分第二章第6.2.2节"产品的构造"中规定，产品的构造是指产品的各个组成部分的安排、组织和相互关系。……物质的分子结构、组分、金相结构等不属于实用新型专利给予保护的产品的构造。……如果权利要求中既包含形状、构造特征，又包含对材料本身提出的改进，则不属于实用新型专利保护的客体。根据上述规定，C选项所述用于制作垃圾桶的新材料涉及材料的改进，不属于实用新型专利保护客体。

《专利审查指南2010》第一部分第二章第6.3节"技术方案"中规定，《专利法》第二条第三款所述的技术方案，是指对要解决的技术问题所采取的利用了自然规律的技术手段的集合。技术手段通常是由技术特征来体现的。未采用技术手段解决技术问题，以获得符合自然规律的技术效果的方案，不属于实用新型专利保护的客体。产品的形状以及表面的图案、色彩或者其结合的新方案，没有解决技术问题的，不属于实用新型专利保护的客体。根据上述规定，D选项所述的为了美观而将外形设计为动物形象的垃圾桶，没有解决技术问题，故不能被授予实用新型专利权。

综上，本题正确答案为：B。

5. 下列哪个主题可获得外观设计专利权？
　　A. 以企业商标标识为主体内容的瓶贴设计
　　B. 手机屏幕壁纸的设计
　　C. 艺术花瓶的设计
　　D. 可批量印制的摄影作品

【答案】C

【知识点】外观设计专利保护对象

【解析】《专利法》第二条第四款，外观设计，是指对产品的形状、图案或者其结合以及色彩与形状、图案的结合所作出的富有美感并适于工业应用的新设计。《专利法》第二十五条第一款规定："对下列各项，不授予专利权：……（六）对平面印刷品的图案、色彩或者二者的结合作出的主要起标识作用的设计。"A选项所述以企业商标标识为主体内容的瓶贴设计，明显属于上述法律规定不授予专利权的情形。

《专利审查指南2010》第一部分第三章第7.4节"不授予外观设计专利权的情形"中规定了根据《专利法》第二条第四款规定不能授予外观设计专利权的情形，其中包括："（8）纯属美术、书法、摄影范畴的作品""（11）游戏界面以及与人机交互无关或者与实现产品功能无关的产品显示装置所显示的图案，例如，电子屏幕壁纸、开关机画面、网站网页的图文排版"。B、D选项所述内容明显属于上述规定中第（11）项、第（8）项所述情形，不可获得外观设计专利权。C选项所述艺术花瓶的设计属于外观设计专利的保护客体，可以获得外观设计专利权。

综上，本题正确答案为：C。

6. 下列哪个属于不可获得专利权的主题？
   A. 一种用转基因方法培育的黑色玉米品种
   B. 一种必须经主管机关批准方能生产的武器
   C. 一种生产放射性同位素的设备
   D. 一种制造假肢的方法

【答案】A

【知识点】不授予专利权的主题

【解析】《专利法》第二十五条规定，对下列各项，不授予专利权：（一）科学发现；（二）智力活动的规则和方法；（三）疾病的诊断和治疗方法；（四）动物和植物品种；（五）用原子核变换方法获得的物质；（六）对平面印刷品的图案、色彩或者二者的结合作出的主要起标识作用的设计。对前款第（四）项所列产品的生产方法，可以依照该法规定授予专利权。《专利审查指南2010》第二部分第一章第4.4节"动物和植物品种"中规定，动物和植物是有生命的物体。根据《专利法》第二十五条第一款第（四）项的规定，动物和植物品种不能被授予专利权。选项A所述"用转基因方法培育的黑色玉米品种"属于动物和植物品种，不能授予专利权。

《专利法》第五条规定，对违反法律、社会公德或者妨害公共利益的发明创造，不授予专利权。对违反法律、行政法规的规定获取或者利用遗传资源，并依赖该遗传资源完成的发明创造，不授予专利权。《专利法实施细则》第十条规定，《专利法》第五条所称违反法律的发明创造，不包括仅其实施为法律所禁止的发明创造。《专利审查指南2010》第二部分第一章第3.1.1节"违反法律的发明创造"中规定，《专利法实施细则》第十条规定，《专利法》第五条所称违反法律的发明创造，不包括仅其实施为法律所禁止的发明创造。其含义是，如果仅仅是发明创造的产品的生产、销售或使用受到法律的限制或约束，则该产品本身及其制造方法并不属于违反法律的发明创造。例如，用于国防的各种武器的生产、销售及使用虽然受到法律的限制，但这些武器本身及其制造方法仍然属于可给予专利保护的客体。根据上述规定可知，B选项属于可授予专利权主题。

《专利审查指南2010》第二部分第一章第4.5节"原子核变换方法和用该方法获得的物质"中规定，原子核变换方法以及用该方法所获得的物质关系到国家的经济、国防、科研和公共生活的重大利益，不宜为单位或私人垄断，因此不能被授予专利权；但是，为实现核变换方法的各种设备、仪器及其零部件等，均属于可被授予专利权的客体。根据该规定，C选项属于专利保护主题。

《专利法》第二十五条第一款第（二）项、《专利审查指南2010》第二部分第一章第4.3.2.2节"不属于治疗方法的发明"中规定了几类方法不属于治疗方法不得依据《专利法》第二十五条第一款第（三）项拒绝授予其专利权，其中包括：制造假肢或者假体的方法，以及为制造该假肢或者假体而实施的测量方法。例如一种制造假牙的方法，该方法包括在病人口腔中制作牙齿模具，而在体外制造假牙。虽然其最终目的是治疗，但是该方法本身的目的是制造出合适的假牙。故D选项属于可授予专利权主题。

综上，本题正确答案为：A。

7. 某发明专利申请的申请日为 2012 年 12 月 25 日。下列出版物均记载了与该申请请求保护的技术方案相同的技术内容，哪个会导致该申请丧失新颖性？
   A. 2012 年 12 月印刷并公开发行的某中文期刊
   B. 在 2012 年 12 月 25 日召开的国际会议上发表的学术论文
   C. 2012 年 11 月出版的专业书籍，该书籍印刷后仅在某些地区的新华书店出售
   D. 该发明申请人于 2012 年 11 月 2 日向国家知识产权局提出的实用新型专利申请，该实用新型专利申请于 2013 年 2 月 5 日被申请人主动撤回

【答案】C

【知识点】出版物公开　现有技术的时间界限　抵触申请

【解析】《专利审查指南 2010》第二部分第三章第 2.1.2.1 节"出版物公开"中规定，出版物的印刷日视为公开日，有其他证据证明其公开日的除外。印刷日只写明年月或者年份的，以所写月份的最后一日或者所写年份的 12 月 31 日为公开日。根据上述规定，A 选项所述期刊的公开日应被认定为 2012 年 12 月 31 日，在专利申请日之后，未构成现有技术，故不会使专利申请丧失新颖性。

《专利审查指南 2010》第二部分第三章第 2.1.1 节"时间界限"中规定，现有技术的时间界限是申请日，享有优先权的，则指优先权日。广义上说，申请日以前公开的技术内容都属于现有技术，但申请日当天公开的技术内容不包括在现有技术范围内。B 选项所述公开发表的论文其公开日为专利申请日当日，未构成现有技术，故不会使专利申请丧失新颖性。

《专利审查指南 2010》第二部第 2.1.2.1 节"出版物公开"中还规定，出版物不受地理位置、语言或者获得方式的限制，也不受年代的限制。出版物的出版发行量多少、是否有人阅读过、申请人是否知道是无关紧要的。因此，C 选项所述书籍构成了现有技术，导致专利申请丧失新颖性。

D 选项所述实用新型专利申请尽管其申请日在该专利申请日之前，但由于专利申请人的主动撤回而未曾被公开，因而未构成抵触申请，不会导致该发明专利申请丧失新颖性。

综上，本题正确答案为：C。

8. 某发明专利申请要求保护一种光催化剂的制备方法，其中采用 A 工艺，并对干燥温度进行了限定。某现有技术记载了采用 A 工艺制备同种光催化剂的方法，其中干燥温度为 50℃～100℃。相对于该现有技术，该发明专利申请的哪个权利要求不具备新颖性？
   A. 一种光催化剂的制备方法，采用 A 工艺，其特征在于干燥温度为 40℃～90℃
   B. 一种光催化剂的制备方法，采用 A 工艺，其特征在于干燥温度为 58℃
   C. 一种光催化剂的制备方法，采用 A 工艺，其特征在于干燥温度为 60℃～75℃
   D. 一种光催化剂的制备方法，采用 A 工艺，其特征在于干燥温度为 40℃～45℃

【答案】A

【知识点】涉及数值和数值范围的权利要求新颖性判断

【解析】《专利审查指南2010》第二部分第三章第3.2.4节"数值和数值范围"中规定，如果要求保护的发明或者实用新型中存在以数值或者连续变化的数值范围限定的技术特征，例如部件的尺寸、温度、压力以及组合物的组分含量，而其余技术特征与对比文件相同，则其新颖性的判断应当依照以下各项规定。（1）对比文件公开的数值或者数值范围落在上述限定的技术特征的数值范围内，将破坏要求保护的发明或者实用新型的新颖性。……（2）对比文件公开的数值范围与上述限定的技术特征的数值范围部分重叠或者有一个共同的端点，将破坏要求保护的发明或者实用新型的新颖性。……根据上述规定，A选项的权利要求不具备新颖性，B、C、D选项的权利要求具备新颖性。

综上，本题正确答案为：A。

9. 关于发明的创造性，下列说法哪个是正确的？
   A. 发明具有显著的进步，就是要求发明不能有负面的技术效果
   B. 判断创造性时，应当考虑申请日当天公布的专利文献中的技术内容
   C. 发明在商业上获得成功，则应该认定其具有创造性
   D. 如果发明是所属技术领域的技术人员在现有技术的基础上仅仅通过合乎逻辑的分析、推理即可得到，则该发明是显而易见的，也就不具备突出的实质性特点

【答案】D

【知识点】创造性判断

【解析】《专利审查指南2010》第二部分第四章第3.2.2节"显著的进步的判断"中规定，在评价发明是否具有显著的进步时，主要应当考虑发明是否具有有益的技术效果。其中规定了通常应当认为发明具有有益的技术效果的几种情况，包括："（4）尽管发明在某些方面有负面效果，但在其他方面具有明显积极的技术效果"，根据上述规定，即使发明在某些方面有负面的技术效果，也不一定说明发明不具有显著的进步，故A选项错误；由于申请日当天公布的专利文献中的技术内容不构成现有技术，故B选项错误。

《专利审查指南2010》第二部分第四章第5.4节"发明在商业上获得成功"中规定，当发明的产品在商业上获得成功时，如果这种成功是由于发明的技术特征直接导致的，则一方面反映发明具有有益效果，同时也说明了发明是非显而易见的，因而这类发明具有突出的实质性特点和显著的进步，具备创造性。但是，如果商业上的成功是由于其他原因所致，例如由于销售技术的改进或者广告宣传造成的，则不能作为判断创造性的依据。故C选项错误。

《专利法》第二十二条第三款规定，创造性，是指与现有技术相比，该发明具有突出的实质性特点和显著的进步，该实用新型具有实质性特点和进步。《专利审查指南2010》第二部分第四章第2.2节"突出的实质性特点"中规定，发明有突出的实质性特点，是指对所属技术领域的技术人员来说，发明相对于现有技术是非显而易见的。如果发明是所属技术领域的技术人员在现有技术的基础上仅仅通过合乎逻辑的分析、推理或者有限的试验可以得到

的，则该发明是显而易见的，也就不具备突出的实质性特点。可见 D 选项正确。

综上，本题正确答案为：D。

10. 下列哪个选项中的外观设计不属于相同或实质相同的外观设计？
   A. 一款座椅的外观设计和与该款座椅外观相同的手机支架外观设计
   B. 一款圆珠笔和一款自动铅笔的外观设计，二者除笔尖设计不同外其余设计均相同
   C. 一款具有电子时钟和收音机双功能产品的外观设计，与一款纯电子时钟功能的产品外观设计，二者形状、图案和色彩设计相同
   D. 一件珠宝盒的专利外观设计，与一件包装盒的专利外观设计，二者形状、图案和色彩设计相同

【答案】A

【知识点】外观设计相同或实质相同的判断

【解析】《专利法》第二十三条第一款规定，授予专利权的外观设计，应当不属于现有设计；也没有任何单位或者个人就同样的外观设计在申请日以前向国务院专利行政部门提出过申请，并记载在申请日以后公告的专利文件中。《专利审查指南2010》第四部分第五章第5节"根据专利法第二十三条第一款的审查"中规定，不属于现有设计，是指在现有设计中，既没有与涉案专利相同的外观设计，也没有与涉案专利实质相同的外观设计。第5.1.1节"外观设计相同"中规定，外观设计相同，是指涉案专利与对比设计是相同种类产品的外观设计，并且涉案专利的全部外观设计要素与对比设计的相应设计要素相同，其中外观设计要素是指形状、图案以及色彩。相同种类产品是指用途完全相同的产品。第5.1.2节"外观设计实质相同"中规定，外观设计实质相同的判断仅限于相同或者相近种类的产品外观设计。对于产品种类不相同也不相近的外观设计，不进行涉案专利与对比设计是否实质相同的比较和判断，即可认定涉案专利与对比设计不构成实质相同，例如，毛巾和地毯的外观设计。由于选项 A 中的座椅与手机支架的用途不同，二者属于种类不同也不相近的产品，故不属于相同或实质相同的外观设计。

《专利审查指南2010》第四部分第五章第5.1.2节"外观设计实质相同"中还规定了经过整体观察可以认定涉案专利与对比设计构成实质相同的几种情形，其中包括"(1) 其区别在于施以一般注意力不能察觉到的局部的细微差异，例如，百叶窗的外观设计仅有具体叶片数不同"。B 选项中的圆珠笔和自动铅笔二者均是用于书写的笔，且二者外观设计上的区别属于施以一般注意力不能察觉到的局部的细微差异，构成实质相同的外观设计。

《专利审查指南2010》第四部分第五章第5.1.2节"外观设计实质相同"中进一步规定，相近种类的产品是指用途相近的产品。例如，玩具和小摆设的用途是相近的，两者属于相近种类的产品。应当注意的是，当产品具有多种用途时，如果其中部分用途相同，而其他用途不同，则二者应属于相近种类的产品。如带 MP3 的手表与手表都具有计时的用途，二者属于相近种类的产品。C 选项中具有电子时钟和收音机双功能的产品与另一种纯电子时钟产品，二者存在部分相同用途，属于种类相近产品，同时二者的外观设计相同，故构成了实质

相同的外观设计。D选项的珠宝盒与包装盒，二者的用途均是用于产品的包装，属于相近种类产品，同时二者的外观设计相同，故构成实质相同的外观设计。

综上，本题正确答案为：A。

11. 下列各项所示实用新型的名称，哪个是正确的？

　　A. 一种苹果牌手机

　　B. 一种轮胎及包含该轮胎的汽车

　　C. 一种遥控技术

　　D. 一种睡袋及其使用方法

【答案】B

【知识点】实用新型名称

【解析】《专利审查指南2010》第一部分第二章第7.1节"请求书"中规定，对于实用新型专利申请请求书的要求适用《专利审查指南2010》第一部分第一章第4.1节有关发明专利申请请求书的相关规定。《专利审查指南2010》第一部分第一章第4.1.1节"发明名称"中规定，请求书中的发明名称和说明书中的发明名称应当一致。发明名称应当简短、准确地表明发明专利申请要求保护的主题和类型。发明名称中不得含有非技术词语，例如人名、单位名称、商标、代号、型号等。A选项中的实用新型名称中包含商号"苹果牌"，故此不正确。

选项B的实用新型名称符合《专利审查指南2010》中的相关规定。

此外，《专利审查指南2010》第二部分第二章第2.2.1节"名称"中规定，发明或者实用新型的名称应当清楚、简要、全面地反映要求保护的发明或者实用新型的主题和类型（产品或者方法），以利于专利申请的分类，例如一件包含拉链产品和该拉链制造方法两项发明的申请，其名称应当写成"拉链及其制造方法"。选项C的实用新型名称中包含的"技术"一词，不能明确要求保护主题是方法还是产品，即类型不清楚，故不正确。

《专利法》第二条第三款规定，实用新型，是指对产品的形状、构造或者其结合所提出的适于实用的新的技术方案。根据该规定，实用新型专利只保护产品，不保护方法，D选项的实用新型名称中包含方法，故不正确。

综上，本题正确答案为：B。

12. 下列说法哪个是正确的？

　　A. 某项权利要求中记载"温度超过100℃"，是指温度大于100℃，不包括100℃本数在内

　　B. 某项组合物权利要求中记载了某组份含量的数值范围"10－20重量份"，为了支持该数值范围，说明书实施例中必须相应给出10重量份和20重量份的实施例

　　C. 一项制备方法权利要求可以撰写如下：一种生产薄膜的技术，其特征在于将树脂A、填料B、抗氧剂C加入混合机中混合，然后将混合物热成型为薄膜

D. 一项使用方法权利要求可以撰写如下：一种化合物K，该化合物用作杀虫剂

【答案】A

【知识点】权利要求的撰写要求

【解析】《专利审查指南2010》第二部分第二章第3.3节"权利要求的撰写规定"中规定，一般情况下，权利要求中包含有数值范围的，其数值范围尽量以数学方式表达，例如，"≥30℃""＞5"等。通常，"大于""小于""超过"等理解为不包括本数；"以上""以下""以内"等理解为包括本数。故此，A选项正确。

《专利审查指南2010》第二部分第二章第3.2.1节"以说明书为依据"中规定，权利要求通常由说明书记载的一个或者多个实施方式或实施例概括而成。权利要求的概括应当不超出说明书公开的范围。如果所属技术领域的技术人员可以合理预测说明书给出的实施方式的所有等同替代方式或明显变型方式都具备相同的性能或用途，则应当允许申请人将权利要求的保护范围概括至覆盖其所有的等同替代或明显变型的方式。《专利审查指南2010》第二部分第十章第3.4节"关于实施例"中规定，由于化学领域属于实验性学科，多数发明需要经过实验证明，因此说明书中通常应当包括实施例，例如产品的制备和应用实施例。说明书中实施例的数目，取决于权利要求的技术特征的概括程度，例如并列选择要素的概括程度和数据的取值范围；在化学发明中，根据发明的性质不同，具体技术领域不同，对实施例数目的要求也不完全相同。一般的原则是，应当能足以理解发明如何实施，并足以判断在权利要求所限定的范围内都可以实施并取得所述的效果。因此，对于选项B的组合物权利要求中记载的某组份含量的数值范围"10—20重量份"是否需要给出10重量份和20重量份的实施例，取决于所属技术领域的技术人员是否能够理解发明如何实施，而非必须要有相应的实施例。故B选项说法不正确。

《专利审查指南2010》第二部分第二章第3.2.2节"清楚"中规定，每项权利要求的类型应当清楚。权利要求的主题名称应当能够清楚地表明该权利要求的类型是产品权利要求还是方法权利要求。不允许采用模糊不清的主题名称，例如，"一种……技术"，或者在一项权利要求的主题名称中既包含有产品又包含有方法，例如，"一种……产品及其制造方法"。选项C中权利要求的主题名称"一种生产薄膜的技术"没有清楚地表明该权利要求的类型是产品权利要求还是方法权利要求，故不正确。

《专利审查指南2010》第二部分第二章第3.2.2节"清楚"中规定，用途权利要求属于方法权利要求。但应当注意从权利要求的撰写措词上区分用途权利要求和产品权利要求。《专利审查指南2010》第二部分第十章第4.5.1节"用途权利要求的类型"中规定，化学产品的用途发明是基于发现产品新的性能，并利用此性能而作出的发明。无论是新产品还是已知产品，其性能是产品本身所固有的，用途发明的本质不在于产品本身，而在于产品性能的应用。因此，用途发明是一种方法发明，其权利要求属于方法类型。D选项将一项使用方法权利要求的主题表述为产品，故不正确。

综上，本题正确答案为：A。

13. 某专利申请的权利要求书如下：

"1. 一种枕头，其特征在于：由枕套和枕芯组成。

2. 根据权利要求1所述的枕套，其特征在于：枕套中间设置为凹面。

3. 根据权利要求1所述的枕头，其特征在于：凹面深度为8cm。

4. 根据权利要求1和3所述的枕头，其特征在于：枕套两端设置两个如附图所示的不同高度的平面。"

上述从属权利要求有几处错误？

A. 2

B. 3

C. 4

D. 5

【答案】C

【知识点】权利要求清楚的要求　从属权利要求的撰写要求

【解析】《专利法实施细则》第二十二条规定，发明或者实用新型的从属权利要求应当包括引用部分和限定部分，按照下列规定撰写：（一）引用部分：写明引用的权利要求的编号及其主题名称；（二）限定部分：写明发明或者实用新型附加的技术特征。从属权利要求只能引用在前的权利要求。引用两项以上权利要求的多项从属权利要求，只能以择一方式引用在前的权利要求，并不得作为另一项多项从属权利要求的基础。《专利审查指南2010》第二部分第二章第3.3.2节"从属权利要求的撰写规定"中规定，当从属权利要求是多项从属权利要求时，其引用的权利要求的编号应当用"或"或者其他与"或"同义的择一引用方式表达。《专利法实施细则》第十九条第三款规定，权利要求书中使用的科技术语应当与说明书中使用的科技术语一致，可以有化学式或者数学式，但是不得有插图。除绝对必要的外，不得使用"如说明书……部分所述"或者"如图……所示"的用语。

本题中，权利要求2中所引用的主题名称为"枕套"，不同于其所引用的权利要求1中的"枕头"，故该引用方式不正确。

权利要求3进一步限定的"凹面"在其所引用的权利要求1中并未出现，故不正确。

权利要求4为多项从属权利要求，其引用时采用了非择一引用的表达方式，故不正确。

另外，该权利要求4中出现"如附图所示"的用语，且不属于"绝对必要"的情形，不符合《专利法实施细则》第十九条第三款的规定，故不正确。

因此本题的从属权利要求撰写存在4处错误。

综上，本题正确答案是：C。

14. 关于权利要求是否得到说明书的支持，下列说法哪个是正确的？

A. 纯功能性的权利要求必然得不到说明书的支持

B. 独立权利要求得到说明书的支持，其从属权利要求必然得到说明书的支持

C. 权利要求的技术方案在说明书中存在一致性的表述，则该权利要求必然得到说明书的

支持

D. 产品权利要求得到说明书的支持，则制备该产品的方法权利要求也必然得到说明书的支持

【答案】A

【知识点】权利要求应当以说明书为依据

【解析】《专利法》第二十六条第四款规定，权利要求书应当以说明书为依据，清楚、简要地限定要求专利保护的范围。《专利审查指南2010》第二部分第二章第3.2.1节"以说明书为依据"中规定，权利要求书应当以说明书为依据，是指权利要求应当得到说明书的支持。权利要求书中的每一项权利要求所要求保护的技术方案应当是所属技术领域的技术人员能够从说明书充分公开的内容中得到或概括得出的技术方案，并且不得超出说明书公开的范围。……纯功能性的权利要求得不到说明书的支持，因而也是不允许的。故A选项正确。

《专利审查指南2010》第二部分第二章第3.2.1节"以说明书为依据"中规定，对于包括独立权利要求和从属权利要求或者不同类型权利要求的权利要求书，需要逐一判断各项权利要求是否都得到了说明书的支持。独立权利要求得到说明书支持并不意味着从属权利要求也必然得到支持；方法权利要求得到说明书支持也并不意味着产品权利要求必然得到支持。根据上述规定可以推知，产品权利要求得到说明书的支持，制备该产品的方法权利要求并不必然得到说明书的支持。故B、D选项错误。

《专利审查指南2010》第二部分第二章第3.2.1节"以说明书为依据"中规定，当要求保护的技术方案的部分或全部内容在原始申请的权利要求书中已经记载而在说明书中没有记载时，允许申请人将其补入说明书。但是权利要求的技术方案在说明书中存在一致性的表述，并不意味着权利要求必然得到说明书的支持。只有当所属技术领域的技术人员能够从说明书充分公开的内容中得到或概括得出该项权利要求所要求保护的技术方案时，记载该技术方案的权利要求才被认为得到了说明书的支持。据此，C选项错误。

综上，本题正确答案是：A。

15. 关于实用新型专利申请，下列说法哪个是正确的？

A. 说明书摘要可以作为修改说明书的依据

B. 说明书附图不得仅有表示产品效果、性能的附图

C. 说明书文字部分可以有表格，必要时也可以有插图，例如流程图

D. 原始说明书附图不清晰，可以通过重新确定申请日方式补入清晰附图

【答案】B

【知识点】说明书 摘要 重新确定申请日

【解析】根据《专利法》第三十三条的规定，实用新型专利申请人对其申请文件的修改不能超出原始说明书和权利要求书的记载范围，即说明书摘要不能作为修改申请文件的依据。故A选项错误。

《专利审查指南2010》第一部分第二章第7.3节"说明书附图"中规定，说明书附图中

应当有表示要求保护的产品的形状、构造或者其结合的附图，不得仅有表示现有技术的附图，也不得仅有表示产品效果、性能的附图，例如温度变化曲线图等。故 B 选项正确。

《专利审查指南 2010》第一部分第二章第 7.2 节"说明书"中规定，说明书文字部分可以有化学式、数学式或者表格，但不得有插图，包括流程图、方框图、曲线图、相图等。故 C 选项错误。

根据《专利法》第三十三条的规定，对实用新型专利申请文件的修改不能超出原始说明书和权利要求书的记载范围。这是对实用新型专利申请修改的一般性规定，如果补交的清晰附图其内容超出了原始说明书及权利要求书的记载范围，不符合《专利法》第三十三条规定，则是不能被接受的。虽然《专利法实施细则》第四十条规定："说明书中写有对附图的说明但无附图或者缺少部分附图的，申请人应当在国务院专利行政部门指定的期限内补交附图或者声明取消对附图的说明。申请人补交附图的，以向国务院专利行政部门提交或者邮寄附图之日为申请日；取消对附图的说明的，保留原申请日。"该规定只是对"说明书中写有对附图的说明但无附图或者缺少部分附图"这一特殊情况的特殊规定，其并不适用于"原始说明书附图不清晰"的情形。根据目前《专利法》及其实施细则，以及《专利审查指南 2010》的规定，原始说明书附图不清晰，不可以通过重新确定申请日的方式补入清晰附图。故 D 选项错误。

综上，本题正确答案为：B。

16. 常某于 2015 年 1 月 18 日向国家知识产权局提交了一件实用新型专利申请，该申请享有 2014 年 8 月 20 日的优先权日，后发现所提交申请遗漏了附图 2，而说明书中写有对该附图 2 的说明，常某于 2015 年 3 月 18 日补交了附图 2，经审查国家知识产权局接受了该附图 2，该申请于 2015 年 5 月 19 日被公告授予专利权。该实用新型专利于下列哪个日期届满？
   A. 2024 年 8 月 20 日
   B. 2025 年 1 月 18 日
   C. 2025 年 3 月 18 日
   D. 2025 年 5 月 19 日

【答案】C
【知识点】申请日确定　实用新型专利保护期限计算
【解析】《专利法实施细则》第四十条规定："说明书中写有对附图的说明但无附图或者缺少部分附图的，申请人应当在国务院专利行政部门指定的期限内补交附图或者声明取消对附图的说明。申请人补交附图的，以向国务院专利行政部门提交或者邮寄附图之日为申请日；取消对附图的说明的，保留原申请日。"根据该规定可知，本试题中的实用新型专利申请，其重新确定的专利申请日应为 2015 年 3 月 18 日。根据《专利法》第四十二条的规定，实用新型专利权的期限为 10 年，自申请日起计算。故该实用新型专利于 2025 年 3 月 18 日期届满，即 C 选项正确。

综上，本题正确答案为：C。

17. 申请人通过EMS给专利局审查员王某邮寄了一份答复文件，寄出的邮戳日为2016年7月3日，收到地邮局的邮戳日为2016年7月7日，审查员王某于2016年7月9日收到了该答复文件，并于2016年7月10日转交到专利局受理处，该答复文件的递交日应被认定为哪一天？

  A．2016年7月3日
  B．2016年7月7日
  C．2016年7月9日
  D．2016年7月10日

【答案】D

【知识点】文件递交日的确定

【解析】《专利审查指南2010》第五部分第三章第2.3.1节"受理程序"的第（3）项中规定，邮寄或者递交到专利局非受理部门或者个人的专利申请，其邮寄日或者递交日不具有确定申请日的效力，如果该专利申请被转送到专利局受理处或者代办处，以受理处或者代办处实际收到日为申请日。《专利审查指南2010》第五部分第三章第3.2节"其他文件的受理程序"中规定，其他文件递交日的确定参照该章第2.3.1节第（3）项的规定。根据上述规定可知，本试题中申请人通过EMS邮寄给审查员个人的寄出邮戳日、收到邮戳日以及审查员实际收到日均不能作为答复文件的递交日，该答复文件的递交日应确定为专利局受理处收到该文件的日期，即D选项所示的2016年7月10日。

  综上，本题正确答案为：D。

18. 在满足其他受理条件的情况下，下列哪个专利申请应当予以受理？

  A．某台湾地区的个人作为第一署名申请人，其经常居住地和详细地址均位于台湾地区，未委托专利代理机构
  B．某在中国内地没有营业所的香港企业作为第一署名申请人与深圳某企业共同申请专利，未委托专利代理机构
  C．某澳门居民作为第一署名申请人，其经常居住地和详细地址均位于澳门，未委托专利代理机构，指定居住于中国内地的亲友作为联系人
  D．某营业所位于上海的外国独资企业申请专利，未委托专利代理机构

【答案】D

【知识点】专利申请的受理

【解析】《专利法》第十九条第一款规定，在中国没有经常居所或者营业所的外国人、外国企业或者外国其他组织在中国申请专利和办理其他专利事务的，应当委托依法设立的专利代理机构办理。

  根据《专利法实施细则》第三十九条的规定，专利申请文件明显不符合《专利法》第十八条或者第十九条第一款的规定的，国务院专利行政部门不予受理，并通知申请人。《专利审查指南2010》第五部分第三章第2.2节"不受理的情形"中规定了专利申请不予受理的情形，其中包括："（6）在中国内地没有经常居所或者营业所的外国人、外国企业或者外国其

他组织作为第一署名申请人,没有委托专利代理机构的。(7) 在中国内地没有经常居所或者营业所的香港、澳门或者台湾地区的个人、企业或者其他组织作为第一署名申请人,没有委托专利代理机构的。"根据上述规定可知,A、B、C 选项的第一署名申请人在中国内地均没有经常居所或者营业所,且未委托专利代理机构,故不符合受理条件;而 D 选项的外国独资企业的申请人,在中国内地有营业所,故其申请专利可以不委托专利代理机构,在满足其他受理条件的情况下,其专利申请应该应当予以受理。

综上,本题正确答案为:D。

19. 一件发明专利申请的优先权日为 2012 年 7 月 18 日,申请日为 2013 年 6 月 30 日,国家知识产权局于 2016 年 1 月 20 日发出授予发明专利权通知书,告知申请人自收到通知书之日起两个月内办理登记手续,申请人在办理登记手续时,应缴纳第几年度的年费?

A. 第一年度
B. 第二年度
C. 第三年度
D. 第四年度

【答案】C

【知识点】专利年度的计算

【解析】《专利法实施细则》第四条第三款规定,国务院专利行政部门邮寄的各种文件,自文件发出之日起满 15 日,推定为当事人收到文件之日。由此可知,本题授予专利权通知书的收到日应推定为 2016 年 2 月 4 日,加上 2 个月的答复期限,申请人办理登记手续的届满日应为 2016 年 4 月 4 日。

《专利审查指南 2010》第五部分第九章第 2.2.1 节"年费"中规定,授予专利权当年的年费应当在办理登记手续的同时缴纳,以后的年费应当在上一年度期满前缴纳。缴费期限届满日是申请日在该年的相应日。《专利审查指南 2010》第五部分第九章第 2.2.1.1 节"年度"中规定,专利年度从申请日起算,与优先权日、授权日无关,与自然年度也没有必然联系。根据该规定,本试题专利的第一年度为自其申请日 2013 年 6 月 30 日至 2014 年 6 月 29 日,第二年度是 2014 年 6 月 30 日至 2015 年 6 月 29 日,第三年度是 2015 年 6 月 30 日至 2016 年 6 月 29 日,由此可见,办理登记手续届满日 2016 年 4 月 4 日处于第三年度期间,故申请人在办理登记手续时应缴纳第三年的年费,即 C 选项正确。

综上,本题正确答案为:C。

20. 关于实用新型专利权评价报告,下列说法哪个是正确的?

A. 评价报告可以作为审理、处理专利侵权纠纷的证据
B. 只有专利权人有资格作为专利权评价报告的请求人
C. 专利权评价报告仅涉及对新颖性和创造性的评价
D. 请求人对评价报告结论不服的,可以提起行政复议

【答案】A

【知识点】专利权评价报告

【解析】《专利法》第六十一条第二款规定，专利侵权纠纷涉及实用新型专利或者外观设计专利的，人民法院或者管理专利工作的部门可以要求专利权人或者利害关系人出具由国务院专利行政部门对相关实用新型或者外观设计进行检索、分析和评价后作出的专利权评价报告，作为审理、处理专利侵权纠纷的证据。《专利审查指南2010》第五部分第十章第1节"引言"中规定，专利权评价报告是人民法院或者管理专利工作的部门审理、处理专利侵权纠纷的证据，主要用于人民法院或者管理专利工作的部门确定是否需要中止相关程序。专利权评价报告不是行政决定，因此专利权人或者利害关系人不能就此提起行政复议和行政诉讼。由此可见，A选项正确，D选项错误。

《专利法实施细则》第五十六条第一款规定，授予实用新型或者外观设计专利权的决定公告后，《专利法》第六十条规定的专利权人或者利害关系人可以请求国务院专利行政部门作出专利权评价报告。《专利审查指南2010》第五部分第十章第2.2节"请求人资格"中规定，根据《专利法实施细则》第五十六条第一款的规定，专利权人或者利害关系人可以请求国家知识产权局作出专利权评价报告。其中，利害关系人是指有权根据《专利法》第六十条的规定就专利侵权纠纷向人民法院起诉或者请求管理专利工作的部门处理的人，例如专利实施独占许可合同的被许可人和由专利权人授予起诉权的专利实施普通许可合同的被许可人。由此可见，B选项错误。

根据《专利审查指南2010》第五部分第十章第3.2节"专利权评价的内容"中的规定可知，实用新型专利权评价报告，不仅涉及对专利权新颖性和创造性的评价，还涉及专利权是否符合《专利法》第五条，第二十五条，第二条第三款，第二十二条第四款，第二十六条第三款、第四款等内容的评价，故C选项错误。

综上，本题正确答案为：A。

21. 以下哪个情形可以申请行政复议？
   A. 专利申请人对驳回专利申请决定不服的
   B. 复审请求人对复审请求不予受理通知书不服的
   C. 复审请求人对复审请求审查决定不服的
   D. 集成电路布图设计登记申请人对驳回登记申请的决定不服的

【答案】B

【知识点】行政复议申请与受理

【解析】《国家知识产权局行政复议规程》第四条规定了各种可以申请行政复议的情形，其中包括对国家知识产权局专利复审委员会作出的有关专利复审、无效的程序性决定不服的情形。"复审请求不予受理通知书"是专利复审委员会在复审程序中作出的一种程序性决定，故B选项的情形可申请行政复议。

《国家知识产权局行政复议规程》第五条规定了各种不能申请行政复议的情形，包括：

(一)专利申请人对驳回专利申请的决定不服的;(二)复审请求人对复审请求审查决定不服的;……(六)集成电路布图设计登记申请人对驳回登记申请的决定不服的;……由此可见,A、C、D选项情形不能申请行政复议。

综上,本题正确答案为:B。

22. 下列向专利复审委员会提出的复审请求,在满足其他受理条件的情况下,哪个应当予以受理?

  A. 甲和乙共有的发明专利申请被驳回,甲独自提出复审请求

  B. 某公司的发明专利申请被驳回,该申请的发明人提出复审请求

  C. 申请人李某自收到驳回决定之日起二个月内提出复审请求

  D. 申请人赵某对国家知识产权局做出的专利申请视为撤回通知书不服提出的复审请求

【答案】C

【知识点】复审请求的形式审查 复审请求的客体 复审请求人资格

【解析】《专利法》第四十一条第一款,国务院专利行政部门设立专利复审委员会。专利申请人对国务院专利行政部门驳回申请的决定不服的,可以自收到通知之日起3个月内,向专利复审委员会请求复审。专利复审委员会复审后,作出决定,并通知专利申请人。

《专利审查指南2010》第四部分第二章第2.2节"复审请求人资格"中规定,被驳回申请的申请人可以向专利复审委员会提出复审请求。复审请求人不是被驳回申请的申请人的,其复审请求不予受理。被驳回申请的申请人属于共同申请人的,如果复审请求人不是全部申请人,专利复审委员会应当通知复审请求人在指定期限内补正;期满未补正的,其复审请求视为未提出。根据上述规定,A选项的复审请求因复审请求人不是全部申请人故不能被受理,需等待补正合格后方可受理。B选项的复审请求的请求人不是被驳回专利申请的申请人,故不予受理。

《专利审查指南2010》第四部分第二章第2.1节"复审请求客体"中规定,对专利局作出的驳回决定不服的,专利申请人可以向专利复审委员会提出复审请求。复审请求不是针对专利局作出的驳回决定的,不予受理。根据该规定,由于选项D所列复审请求不是针对专利局作出的驳回决定的,故不予受理。

C选项所列复审请求符合《专利法》及其实施细则,以及《专利审查指南2010》的规定,故应予受理。

综上,本题正确答案为:C。

23. 对于实用新型专利权,下列哪个不属于无效宣告请求的理由?

  A. 权利要求书没有清楚地说明要求保护的范围

  B. PCT国际申请经修改后被授权,其授权的权利要求所要求保护的技术方案超出了原始提交的国际申请文件所记载的范围

  C. 说明书及附图存在错误,导致说明书没有对所要求保护的实用新型作出清楚、完整的

说明

D. 授权的多项独立权利要求之间缺乏单一性

【答案】D

【知识点】无效宣告请求的理由

【解析】《专利法实施细则》第六十五条规定："依照专利法第四十五条的规定，请求宣告专利权无效或者部分无效的，应当向专利复审委员会提交专利权无效宣告请求书和必要的证据一式两份……前款所称无效宣告请求的理由，是指被授予专利的发明创造不符合专利法第二条、第二十条第一款、第二十二条、第二十三条、第二十六条第三款、第四款、第二十七条第二款、第三十三条或者该细则第二十条第二款、第四十三条第一款的规定，或者属于专利法第五条、第二十五条的规定，或者依照专利法第九条规定不能取得专利权。"

A、B、C选项分别涉及相关专利权不符合《专利法》第二十六条第四款、第三十三条、第二十六条第三款，均属于《专利法实施细则》第六十五条第二款规定的无效宣告请求的理由；而专利权不符合《专利法》第三十一条有关单一性的规定不属于无效宣告请求的理由。

综上，本题正确答案为：D。

24. 陈某于2010年3月4日以某日本专利文献为证据就某专利权提出无效宣告请求，其提交了该专利文献的原文，但未提交其中文译文。专利复审委员会受理了该无效宣告请求，并于2010年3月6日向双方发出受理通知书。下列说法哪个是正确的？

A. 陈某应当在2010年4月4日前提交该日本专利文献的译文
B. 陈某应当在2010年4月6日前提交该日本专利文献的译文
C. 陈某应当在2010年4月21日前提交该日本专利文献的译文
D. 陈某可以在2010年6月2日举行口头审理的当天提交该日本专利文献的译文

【答案】A

【知识点】无效宣告程序中的举证期限　外文证据中译文的提交期限

【解析】《专利法实施细则》第六十七条规定，在专利复审委员会受理无效宣告请求后，请求人可以在提出无效宣告请求之日起1个月内增加理由或者补充证据。逾期增加理由或补充证据的，专利复审委员会可以不予考虑。《专利审查指南2010》第四部分第三章第4.3.1节"请求人举证"中规定，请求人在提出无效宣告请求之日起1个月内补充证据的，应当在该期限内结合该证据具体说明相关的无效宣告理由，否则，专利复审委员会不予考虑。请求人提交的证据是外文的，提交其中文译文的期限适用该证据的举证期限。由此可见，请求人应当自其提出无效宣告请求之日（2010年3月4日）起一个月内，即2010年4月4日前，提交日文专利文献的中文译文，故A选项正确。

综上，本题正确答案为：A。

25. 甲于2011年2月1日提交了一项涉及产品X的发明专利申请，该申请于2012年8月1日被公布，并于2014年5月1日获得授权；乙在2013年1月开始制造销售上述产品X，由于销路不佳，在 2014 年 3 月 30 日停止制造销售行为；丙在 2011 年 4 月自行研发了相同产品，并一直进行制造销售。下列说法哪个是正确的？

　　A. 由于乙制造销售产品 X 的期间在甲专利授权之前，因此无需向甲支付费用
　　B. 虽然丙是在专利申请公布前独自完成的发明，但也需向甲支付费用
　　C. 如果甲在 2014 年 2 月 1 日知道了乙的制造行为，其有权要求乙立即停止制造销售行为
　　D. 如果甲在 2014 年 2 月 1 日知道了丙的制造行为，其诉讼时效为自 2014 年 2 月 1 日起两年

【答案】B
【知识点】发明专利临时保护　诉讼时效　侵权行为认定
【解析】《专利法》第十三条规定，发明专利申请公布后，申请人可以要求实施其发明的单位或者个人支付适当的费用。本试题中，乙制造销售产品 X 的期间在甲发明专利申请公开后、授权之前，根据上述规定，甲有权要求乙支付费用，故 A 选项错误。

《专利法》第六十九条规定："有下列情形之一的，不视为侵犯专利权：（一）专利产品或者依照专利方法直接获得的产品，由专利权人或者经其许可的单位、个人售出后，使用、许诺销售、销售、进口该产品的；（二）在专利申请日前已经制造相同产品、使用相同方法或者已经作好制造、使用的必要准备，并且仅在原有范围内继续制造、使用的；……"由于丙是在申请日之后完成的发明，根据《专利法》第六十九条，丙没有先用权，甲有权要求其支付费用，故 B 选项正确。

根据《专利法》第十三条的规定，对于其发明专利申请公布后、授权前实施其发明的人，专利权人有权要求其支付适当费用，但无权禁止其实施的行为。因此，C 选项错误。

《专利法》第六十八条规定，侵犯专利权的诉讼时效为 2 年，自专利权人或者利害关系人得知或者应当得知侵权行为之日起计算。发明专利申请公布后至专利权授予前使用该发明未支付适当使用费的，专利权人要求支付使用费的诉讼时效为 2 年，自专利权人得知或应当得知他人使用其发明之日起计算，但是，专利权人于专利权授予之日前即已得知或者应当得知的，自专利权授予之日起计算。根据该规定，授权前得知侵权行为的，诉讼时效为授权日起 2 年，故 D 选项错误。

综上，本题正确答案为：B。

26. 甲提交了一件发明专利申请，在公布文本中，其权利要求请求保护的技术方案中包括 a、b、c、d 四个技术特征；该申请经过实质审查后被授权，授权公告的权利要求保护的技术方案中包括了 a、b、c、e 四个技术特征，其中技术特征 e 是记载在申请文件的说明书中的特征，且与技术特征 d 不等同。乙、丙、丁、戊在该申请公布日后至授权公告日之前，分别生产制造了下列相关产品。甲可以要求支付费用的是？

　　A. 乙生产制造的产品包括了 a、b、c 三个技术特征
　　B. 丙生产制造的产品包括了 a、b、c、d 四个技术特征
　　C. 丁生产制造的产品包括了 a、b、c、e 四个技术特征

D. 戊生产制造的产品包括了a、b、c、d、e五个技术特征

【答案】D

【知识点】发明专利公布日至授权日期间的临时保护

【解析】《最高人民法院关于审理侵犯专利权纠纷案件应用法律若干问题的解释（二）》第十八条第一款和第二款规定，权利人依据《专利法》第十三条诉请在发明专利申请公布日至授权公告日期间实施该发明的单位或者个人支付适当费用的，人民法院可以参照有关专利许可使用费合理确定。发明专利申请公布时申请人请求保护的范围与发明专利公告授权时的专利权保护范围不一致，被诉技术方案均落入上述两种范围的，人民法院应当认定被告在前款所称期间内实施了该发明；被诉技术方案仅落入其中一种范围的，人民法院应当认定被告在前款所称期间内未实施该发明。本试题中，发明公布时请求保护的范围与授权公告时的专利权保护范围不一致，二者有部分交叉，只有D选项中的戊生产制造的产品同时落入上述两个范围，视为在发明专利申请公布日至授权公告日期间实施了甲的发明，甲可以要求其支付费用。

综上，本题正确答案为：D。

27. 下列哪个行为不属于假冒专利的行为？

A. 未经许可在产品包装上标注他人的专利号
B. 销售不知道是假冒专利的产品，并且能够证明该产品合法来源
C. 在产品说明书中将专利申请称为专利
D. 专利权终止前依法在专利产品上标注专利标识，在专利权终止后销售该产品

【答案】D

【知识点】假冒专利的行为

【解析】《专利法实施细则》第八十四条规定，下列行为属于《专利法》第六十三条规定的假冒专利的行为：（一）在未被授予专利权的产品或者其包装上标注专利标识，专利权被宣告无效后或者终止后继续在产品或者其包装上标注专利标识，或者未经许可在产品或者产品包装上标注他人的专利号；（二）销售第（一）项所述产品；（三）在产品说明书等材料中将未被授予专利权的技术或者设计称为专利技术或者专利设计，将专利申请称为专利，或者未经许可使用他人的专利号，使公众将所涉及的技术或者设计误认为是专利技术或者专利设计；（四）伪造或者变造专利证书、专利文件或者专利申请文件；（五）其他使公众混淆，将未被授予专利权的技术或者设计误认为是专利技术或者专利设计的行为。专利权终止前依法在专利产品、依照专利方法直接获得的产品或者其包装上标注专利标识，在专利权终止后许诺销售、销售该产品的，不属于假冒专利行为。销售不知道是假冒专利的产品，并且能够证明该产品合法来源的，由管理专利工作的部门责令停止销售，但免除罚款的处罚。根据前述规定，A、B、C选项属于假冒专利的行为，D选项不属于假冒专利的行为。

需要注意的是，销售不知道是假冒专利的产品的，虽然在证明产品合法来源的前提下免除罚款处罚，但其行为仍然属于假冒专利行为，且应当停止销售。

综上，本题正确答案为：D。

28. 某PCT国际申请的国际申请日是2012年2月5日，优先权日是2011年10月8日，该国际申请未要求国际初步审查，申请人应在下列哪一期限届满前办理进入中国国家阶段手续？

  A. 自2012年2月5日起30个月
  B. 自2012年2月5日起20个月
  C. 自2011年10月8日起20个月
  D. 自2011年10月8日起30个月

【答案】D
【知识点】进入中国国家阶段的期限
【解析】《专利法实施细则》第一百零三条规定，国际申请的申请人应当在《专利合作条约》第二条所称的优先权日（本章简称优先权日）起30个月内，向国务院专利行政部门办理进入中国国家阶段的手续；申请人未在该期限内办理该手续的，在缴纳宽限费后，可以在自优先权日起32个月内办理进入中国国家阶段的手续。根据该规定可知，故D选项正确，A、B、C选项错误。

综上，本题正确答案为：D。

29. 涉及生物材料的国际申请进入中国国家阶段时，申请人应当在下列哪个期限内提交生物材料样品的保藏证明和存活证明？

  A. 进入实质审查程序之前
  B. 国家公布技术准备工作完成之前
  C. 办理进入国家阶段手续之日起6个月内
  D. 办理进入国家阶段手续之日起4个月内

【答案】D
【知识点】涉及生物材料的国际申请的保藏证明手续
【解析】《专利法实施细则》第一百零八条第一款规定，申请人按照《专利合作条约》的规定，对生物材料样品的保藏已作出说明的，视为已经满足了该细则第二十四条第（三）项的要求。申请人应当在进入中国国家阶段声明中指明记载生物材料样品保藏事项的文件以及在该文件中的具体记载位置。第三款规定，申请人自进入日起4个月内向国务院专利行政部门提交生物材料样品保藏证明和存活证明的，视为在该细则第二十四条第（一）项规定的期限内提交。根据上述规定可知，涉及生物材料的国际申请，应当在办理进入国家阶段手续之日起4个月内提交生物材料样品的保藏证明和存活证明。故D选项正确，A、B、C选项错误。

综上，本题正确答案为：D。

30. 以下关于专利文献种类标识代码中字母含义的说法哪个是正确的？

  A. 字母"B"表示发明专利申请公布

B. 字母"Y"表示发明专利权部分无效宣告的公告

C. 字母"U"表示实用新型专利权部分无效宣告的公告

D. 字母"S"表示外观设计专利授权公告或外观设计专利权部分无效宣告的公告

【答案】D

【知识点】专利文献号标准

【解析】《专利文献号标准》ZC 0007—2004第5.2条规定,为了完整地标识一篇专利文献的出版国家,以及在不同程序中的公布或公告,应将中国国家代码CN、专利文献号、相应的专利文献种类标识代码(参见ZC 0008—2004《专利文献种类标识代码标准》)联合使用。ZC 0008—2004《专利文献种类标识代码标准》第3.2条规定了专利文献种类标识代码中字母的含义:A发明专利申请公布、B发明专利授权公告、C发明专利权部分无效宣告的公告、U实用新型专利授权公告、Y实用新型专利权部分无效宣告的公告、S外观设计专利授权公告或专利权部分无效宣告的公告。故A、B、C选项错误,D选项正确。

综上,本题正确答案为:D。

二、多项选择题（每题所设选项中至少有两个正确答案,多选、少选、错选或不选均不得分。本部分含31—100题,每题1.5分,共105分。）

31. 甲和乙共同拥有一项发明专利权,甲乙未对该专利权的行使进行约定。下列说法哪些是正确的?

　　A. 甲可以单独实施该专利,实施获得的收益应当与乙平均分配

　　B. 甲如果以独占许可的方式许可丙实施,则必须取得乙同意

　　C. 甲可以以普通许可的方式许可丙实施,无需取得乙同意

　　D. 甲可以放弃其共有的专利权,无需取得乙同意

【答案】BC

【知识点】共有权利的行使

【解析】《专利法》第十五条规定,专利申请权或者专利权的共有人对权利的行使有约定的,从其约定。没有约定的,共有人可以单独实施或者以普通许可方式许可他人实施该专利；许可他人实施该专利的,收取的使用费应当在共有人之间分配。除前款规定的情形外,行使共有的专利申请权或者专利权应当取得全体共有人的同意。由此可见,A选项错误,B、C选项正确。

《专利审查指南2010》第一部分第一章第4.1.5节"代表人"中规定,直接涉及共有权利的手续应当由全体权利人签字或者盖章。直接涉及共有权利的手续包括：提出专利申请,委托专利代理,转让专利申请权、优先权或者专利权,撤回专利申请,撤回优先权要求,放弃专利权等。由此可见,共有专利的权利人放弃其专利权,需经共有专利权人的同意,故D选项错误。

综上,本题正确答案为:B、C。

32. 某公司就其员工张某完成的一项职务发明创造获得了发明专利权,该公司未与张某就职务发明创造的奖励及实施方式进行约定,并且公司规章中也没有相应规定,下列说法哪些是正确的?

  A. 张某有在申请文件中写明自己是发明人的权利

  B. 该公司应当自专利权公告之日起 3 个月内发给张某奖金

  C. 该公司如果自行实施该专利,则应当从实施该专利的营业利润中提取一定比例作为报酬给张某

  D. 在该公司不实施该专利的情况下,张某有实施该专利的权利

【答案】A B C

【知识点】发明人的概念及权利

【解析】《专利法》第十七条第一款规定,发明人或者设计人有权在专利文件中写明自己是发明人或者设计人。据此,张某有权在申请文件中写明自己是发明人,A 选项正确。

《专利法实施细则》第七十七条第一款规定,被授予专利权的单位未与发明人、设计人约定也未在其依法制定的规章制度中规定《专利法》第十六条规定的奖励的方式和数额的,应当自专利权公告之日起 3 个月内发给发明人或者设计人奖金。一项发明专利的奖金最低不少于 3000 元;一项实用新型专利或者外观设计专利的奖金最低不少于 1000 元。故 B 选项正确。

《专利法》第十六条规定,被授予专利权的单位应当对职务发明创造的发明人或者设计人给予奖励;发明创造专利实施后,根据其推广应用的范围和取得的经济效益,对发明人或者设计人给予合理的报酬。《专利法实施细则》第七十八条规定,被授予专利权的单位未与发明人、设计人约定也未在其依法制定的规章制度中规定《专利法》第十六条规定的报酬的方式和数额的,在专利权有效期限内,实施发明创造专利后,每年应当从实施该项发明或者实用新型专利的营业利润中提取不低于 2%或者从实施该项外观设计专利的营业利润中提取不低于 0.2%,作为报酬给予发明人或者设计人,或者参照上述比例,给予发明人或者设计人一次性报酬;被授予专利权的单位许可其他单位或者个人实施其专利的,应当从收取的使用费中提取不低于 10%,作为报酬给予发明人或者设计人。根据上述规定,在该公司自行实施该专利的情况下,应当从实施该专利的营业利润中提取一定比例作为报酬给张某,故 C 选项正确。

根据《专利法》第六条第一款的规定,执行本单位的任务或者主要是利用本单位的物质技术条件所完成的发明创造为职务发明创造。职务发明创造申请专利的权利属于该单位;申请被批准后,该单位为专利权人。本题中,由于张某所做的发明为职务发明,因此专利权应当属于张某所在的该公司。《专利法》第十一条第一款规定,发明和实用新型专利权被授予后,除该法另有规定的以外,任何单位或者个人未经专利权人许可,都不得实施其专利,即不得为生产经营目的制造、使用、许诺销售、销售、进口其专利产品,或者使用其专利方法以及使用、许诺销售、销售、进口依照该专利方法直接获得的产品。由此可知,除《专利法》另有规定的情形外,能够实施专利的只能是专利权人或者其许可实施的被许可人,因

此，在该公司不实施该专利的情况下，张某在未获得该电机厂许可的情况下也不能实施该专利，D选项错误。

综上，本题正确答案为：A、B、C。

33. 下列哪些属于职务发明创造？
    A. 金某在履行本单位交付的本职工作之外的任务时完成的发明创造
    B. 吕某退休一年之后作出的与其退休前所从事的工作有关的发明创造
    C. 王某在职期间作出的与其在单位所从事工作无关的发明创造性
    D. 刘某临时借调到某研究所工作，在执行该所交付的任务时完成的发明创造

【答案】A D

【知识点】职务发明的定义

【解析】《专利法》第六条第一款规定，执行本单位的任务或者主要是利用本单位的物质技术条件所完成的发明创造为职务发明创造。职务发明创造申请专利的权利属于该单位；申请被批准后，该单位为专利权人。《专利法实施细则》第十二条规定，《专利法》第六条所称执行本单位的任务所完成的职务发明创造，是指：（一）在本职工作中作出的发明创造；（二）履行本单位交付的本职工作之外的任务所作出的发明创造；（三）退休、调离原单位后或者劳动、人事关系终止后1年内作出的，与其在原单位承担的本职工作或者原单位分配的任务有关的发明创造。《专利法》第六条所称本单位，包括临时工作单位；《专利法》第六条所称本单位的物质技术条件，是指本单位的资金、设备、零部件、原材料或者不对外公开的技术资料等。可知，金某在履行本单位交付的本职工作之外的任务时完成的发明创造、刘某临时借调到某研究所工作期间在执行该所交付的任务时完成的发明创造均为职务发明创造；吕某退休1年之后作出的与其退休前所从事的工作有关的发明创造、王某在职期间作出的与其单位所从事工作无关的发明创造性为非职务发明创造。故A、D选项正确，B、C选项错误。

综上，本题正确答案为：A、D。

34. 专利代理人在从事专利代理工作中应当遵守以下哪些规定？
    A. 专利代理人必须承办专利代理机构委派的专利代理工作，不得自行接受委托
    B. 专利代理人在从事专利代理业务期间和脱离专利代理业务后一年内，不得申请专利
    C. 专利代理人对其在代理业务活动中了解的发明创造的内容，除专利申请已经公布或者公告的以外，负有保守秘密的责任
    D. 专利代理人不得同时在两个以上专利代理机构从事专利代理业务

【答案】A B C D

【知识点】专利代理人执业纪律和职业道德

【解析】《专利代理条例》第十七条、第二十条、第二十三条、第十八条第一款分别规定："专利代理人必须承办专利代理机构委派的专利代理工作，不得自行接受委托。""专利

代理人在从事专利代理业务期间和脱离专利代理业务后一年内，不得申请专利。""专利代理人对其在代理业务活动中了解的发明创造的内容，除专利申请已经公布或者公告的以外，负有保守秘密的责任。""专利代理人不得同时在两个以上专利代理机构从事专利代理业务。"故 A、B、C、D 选项正确。

综上，本题正确答案为：A、B、C、D。

35. 专利代理人甲、乙和丙三人欲在北京设立一家专利代理机构，下列说法哪些是正确的？
　　A. 甲、乙、丙仅能申请设立合伙制专利代理机构
　　B. 甲、乙、丙三人申请设立时的年龄均不得超过 60 周岁
　　C. 甲、乙、丙提交的证明材料应当是在申请设立前 6 个月内出具的证明材料
　　D. 甲、乙、丙应当直接向国家知识产权局提出设立专利代理机构的申请
【答案】A C
【知识点】专利代理机构的设立
【解析】《专利代理管理办法》第三条第二款规定，合伙制专利代理机构应当由 3 名以上合伙人共同出资发起，有限责任制专利代理机构应当由 5 名以上股东共同出资发起。故甲、乙、丙三位专利代理人共同出资仅能申请设立合伙制专利代理机构，A 选项正确。

《专利代理管理办法》第五条规定了专利代理机构的合伙人或者股东应当符合的条件，其中第（四）项规定：申请设立专利代理机构时的年龄不超过 65 周岁。故 B 选项错误。

《专利代理管理办法》第八条第一款规定了设立专利代理机构应当提交的申请材料，第三款规定，上述证明材料应当是自申请设立专利代理机构或者开办专利代理业务之前的 6 个月内出具的证明材料。故 C 选项正确。

《专利代理管理办法》第九条第一款规定了设立专利代理机构的审批程序，其中第（一）项规定：申请设立专利代理机构的，应当向其所在地的省、自治区、直辖市知识产权局提出申请。经审查，省、自治区、直辖市知识产权局认为符合该办法规定条件的，应当自收到申请之日起 30 日内上报国家知识产权局批准。由此可见，设立专利代理机构的申请并不是直接向国家知识产权局提出，故 D 选项错误。

综上，本题正确答案为：A、C。

36. 专利代理人有下列哪些情形的应当受到惩戒？
　　A. 同时在两个以上专利代理机构执业的
　　B. 妨碍、阻扰对方当事人合法取得证据的
　　C. 干扰专利审查工作或者专利行政执法工作的正常进行的
　　D. 因过错给当事人造成重大经济损失的
【答案】A B C D
【知识点】对专利代理人的惩戒
【解析】《专利代理惩戒规则（试行）》第七条规定，专利代理人有下列情形之一的，应

当责令其改正，并给予该规则第五条规定的惩戒：（一）同时在两个以上专利代理机构执业的；（二）诋毁其他专利代理人、专利代理机构的，或者以不正当方式损害其利益的；（三）私自接受委托、私自向委托人收取费用、收受委托人财物、利用提供专利代理服务的便利牟取当事人争议的权益、或者接受对方当事人财物的；（四）妨碍、阻扰对方当事人合法取得证据的；（五）干扰专利审查工作或者专利行政执法工作的正常进行的；（六）专利行政部门的工作人员退休、离职后从事专利代理业务，对本人审查、处理过的专利申请案件或专利案件进行代理的；（七）泄露委托人的商业秘密或者个人隐私的；（八）因过错给当事人造成重大经济损失的；（九）从事其他违法业务活动的。根据上述规定可知，A、B、C、D选项分别为上述规定第（一）、（四）、（五）、（八）项所列应当受到惩戒的情形。

综上，本题正确答案为：A、B、C、D。

37. 外科医生张某发明了一种用于清洗伤口的药水，按照其独特的方法涂抹该药水可促进伤口的愈合，下列说法哪些是正确的？

A. 该药水以及该药水的制备方法均属于可授予专利权的主题
B. 该药水以及使用该药水促进伤口愈合的方法都属于可授予专利权的主题
C. 该药水以及使用该药水促进伤口愈合的方法都不属于可授予专利权的主题
D. 该药水属于可授予专利权的主题，使用该药水促进伤口愈合的方法不属于可授予专利权的主题

【答案】A D

【知识点】发明专利的保护对象

【解析】《专利法》第二十五条第一款规定："对下列各项，不授予专利权：……（三）疾病的诊断和治疗方法；……"《专利审查指南2010》第二部分第一章第4.3.2.1节"属于治疗方法的发明"中规定了几类方法属于或者应当视为治疗方法的例子，不能被授予专利权，其中包括："（9）处置人体或动物体伤口的方法，例如伤口消毒方法、包扎方法。"并且规定，虽然使用药物治疗疾病的方法是不能被授予专利权的，但是，药物本身是可以被授予专利权的。根据上述规定可知，外科医生张某发明的药水以及该药水的制备方法均属于可授予专利权的主题，但使用该药水促进伤口愈合的方法被视为治疗方法，不属于可授予专利权的主题，故A、D选项正确，B、C选项错误。

综上，本题正确答案为：A、D。

38. 甲拥有一件发明专利申请，其申请日为2010年5月16日，下列专利文献均记载了与该申请中所请求保护的技术方案相同的技术内容，哪些专利文献使得该申请不具备新颖性？

A. 申请人为乙的国际申请，国际申请日为2010年1月15日，国际公布日为2011年7月15日，进入中国国家阶段的日期为2011年8月5日
B. 申请人为甲本人的中国实用新型专利申请，申请日为2010年1月4日，公告日为2010年5月16日

C. 申请人为丙的欧洲专利申请，申请日为 2010 年 2 月 1 日，公布日为 2010 年 11 月 1 日
D. 申请人为丁的中国实用新型专利申请，申请日为 2010 年 6 月 14 日，优先权日为 2010 年 2 月 4 日，授权公告日为 2010 年 10 月 16 日

【答案】ABD
【知识点】抵触申请 优先权日 国际申请日
【解析】《专利法》第二十二条第二款规定，新颖性，是指该发明或者实用新型不属于现有技术；也没有任何单位或者个人就同样的发明或者实用新型在申请日以前向国务院专利行政部门提出过申请，并记载在申请日以后公布的专利申请文件或者公告的专利文件中。《专利审查指南 2010》第二部分第三章第 2.2 节"抵触申请"中规定，根据《专利法》第二十二条第二款的规定，在发明或者实用新型新颖性的判断中，由任何单位或者个人就同样的发明或者实用新型在申请日以前向专利局提出并且在申请日以后（含申请日）公布的专利申请文件或者公告的专利文件损害该申请日提出的专利申请的新颖性。为描述简便，在判断新颖性时，将这种损害新颖性的专利申请，称为抵触申请。抵触申请还包括满足以下条件的进入了中国国家阶段的国际专利申请，即申请日以前由任何单位或者个人提出、并在申请日之后（含申请日）由专利局作出公布或公告的且为同样的发明或者实用新型的国际专利申请。

A 选项所述国际申请进入了中国国家阶段，其国际申请日被视为在中国的申请日，因此该国际申请文件属于《专利法》第二十二条第二款所述的"在申请日以前向国务院专利行政部门提出过申请，并记载在申请日以后公布的专利申请文件或者公告的专利文件"，故使得该申请不具备新颖性。

B 选项所述的专利申请文件为甲本人在该申请日前提出的另一份中国实用新型专利申请，且在该申请的申请日之后公布，故影响该申请的新颖性。

C 选项所述的专利申请，其公开日期在该申请的申请日之后，未能构成该申请的现有技术，同时 C 选项所述专利申请不是中国专利申请，也未能构成该申请的抵触申请，故不会影响该申请的新颖性。

《专利法实施细则》第十一条第一款规定，除《专利法》第二十八条和第四十二条规定的情形外，《专利法》所称申请日，有优先权的，指优先权日。D 选项的中国实用新型专利申请，虽然其申请日在该申请的申请日前，但其优先权日早于该申请日，且于该申请日后被公布。根据上述规定，D 选项的中国实用新型专利申请属于《专利法》第二十二条第二款所述的"在申请日以前向国务院专利行政部门提出过申请，并记载在申请日以后公布的专利申请文件或者公告的专利文件中"，故使得该申请不具备新颖性。

综上，本题正确答案为：A、B、D。

39. 甲、乙分别独立研发出了技术方案 A。甲于 2010 年 6 月 1 日在中国政府主办的一个国际展览会上首次展出了技术 A，并于 2010 年 11 月 1 日向国家知识产权局递交了关于技术方案 A 的发明专利申请 X，同时声明要求享有不丧失新颖性宽限期，并按期提交了相关证明文件。乙于 2010 年 8 月 2 日递交了关于技术方案 A 的发明专利申请 Y，并于 2010 年 10 月 10 日公开发表了

详细介绍技术方案A的论文。以下说法哪些是正确的?

A. 甲的专利申请X享受6个月的宽限期,因此甲的展出行为及乙发表的论文均不影响该申请X的新颖性

B. 甲在展览会上的展出行为不影响专利申请X的新颖性,但影响申请Y的新颖性

C. 乙独立完成发明并且在甲之前提出了专利申请,因此乙的申请具备新颖性

D. 甲和乙的专利申请都不具备新颖性

【答案】BD

【知识点】不丧失新颖性的宽限期

【解析】《专利法》第二十二条第二款规定,新颖性,是指该发明或者实用新型不属于现有技术;也没有任何单位或者个人就同样的发明或者实用新型在申请日以前向国务院专利行政部门提出过申请,并记载在申请日以后公布的专利申请文件或者公告的专利文件中。《专利法》第二十二条第五款规定,该法所称现有技术,是指申请日以前在国内外为公众所知的技术。《专利法》第二十四条规定,申请专利的发明创造在申请日以前6个月内,有下列情形之一的,不丧失新颖性:(一)在中国政府主办或者承认的国际展览会上首次展出的;(二)在规定的学术会议或者技术会议上首次发表的;(三)他人未经申请人同意而泄露其内容的。

《专利审查指南2010》第二部分第三章第5节"不丧失新颖性的宽限期"中规定,宽限期和优先权的效力是不同的。它仅仅是把申请人(包括发明人)的某些公开,或者第三人从申请人或发明人那里以合法手段或者不合法手段得来的发明创造的某些公开,认为是不损害该专利申请新颖性和创造性的公开。实际上,发明创造公开以后已经成为现有技术,只是这种公开在一定期限内对申请人的专利申请来说不视为影响其新颖性和创造性的现有技术,并不是把发明创造的公开日看作是专利申请的申请日。所以,从公开之日至提出申请的期间,如果第三人独立地作出了同样的发明创造,而且在申请人提出专利申请以前提出了专利申请,那么根据先申请原则,申请人就不能取得专利权。当然,由于申请人(包括发明人)的公开,使该发明创造成为现有技术,故第三人的申请没有新颖性,也不能取得专利权。

根据《专利法》以及《专利审查指南2010》的规定可知,宽限期和优先权的效力不同。实际上,甲的展出行为已经使得技术方案A构成现有技术,只是根据《专利法》第二十四条的规定,该公开在一定期限内对甲的专利申请来说不视为影响其新颖性和创造性的现有技术,但甲专利申请的申请日并没有因此改变。由于在甲于2010年11月1日提出专利申请之前,乙已于2010年10月10日公开发表了涉及技术方案A的论文,该论文构成了甲的专利申请X的现有技术,并且其不属于《专利法》第二十四条规定的可享受宽限期的情形,故论文的公开使得甲的专利申请X丧失新颖性。故A选项错误。

由于甲的展出行为已经使得技术方案A被公开,构成在此之后提出的专利申请的现有技术,根据《专利法》第二十四条的规定,只有甲在规定期限内提出的专利申请可以享受宽限期,但其他人的专利申请不能享受该宽限期,故B选项正确、C选项错误。

如上所述,甲的专利申请X因乙公开发表的论文而不具备新颖性,乙的专利申请Y因

甲的展出行为而不具备新颖性，故甲和乙的专利申请都不具备新颖性，D选项正确。

综上，本题正确答案为：B、D。

40. 关于同样发明创造，下列说法哪些是正确的？

　　A. 李某于2014年5月4日和5月5日先后就同样的发明创造提交了实用新型专利申请A和发明专利申请B，为避免重复授权，李某可以选择放弃已经取得的实用新型A的专利权，或选择修改发明申请B的权利要求

　　B. 王某在2014年5月5日就同样的发明创造分别提交实用新型专利申请A和发明专利申请B，但未就存在同日申请进行说明。为避免重复授权，李某既可以选择放弃已经取得的实用新型A的专利权，也可以选择修改发明申请B的权利要求

　　C. 为避免重复授权，张某依据专利法第9条及实施细则第41条选择放弃已经获得的实用新型专利权，则该实用新型专利权自同日提交的发明专利申请授权公告之日起终止

　　D. 赵某、郑某同日就同样的发明创造分别提出的专利申请，当该两件申请均符合授予专利权的其他条件时，二人应当在收到通知后自行协商确定申请人

【答案】C D

【知识点】同样发明创造的处理

【解析】《专利法》第二十二条第二款规定，新颖性，是指该发明或者实用新型不属于现有技术；也没有任何单位或者个人就同样的发明或者实用新型在申请日以前向国务院专利行政部门提出过申请，并记载在申请日以后公布的专利申请文件或者公告的专利文件中。根据上述规定，A选项中李某的实用新型专利申请A的申请日早于发明专利申请B，实用新型专利申请A构成了发明专利申请B的抵触申请，发明专利申请B因此不具备新颖性。即使李某放弃已经取得的实用新型A的专利权，或修改发明申请B的权利要求，发明申请B均不可能获得授权，故A选项错误。

《专利法》第九条第一款规定，同样的发明创造只能授予一项专利权。但是，同一申请人同日对同样的发明创造既申请实用新型专利又申请发明专利，先获得的实用新型专利权尚未终止，且申请人声明放弃该实用新型专利权的，可以授予发明专利权。《专利法实施细则》第四十一条规定："两个以上的申请人同日（指申请日；有优先权的，指优先权日）分别就同样的发明创造申请专利的，应当在收到国务院专利行政部门的通知后自行协商确定申请人。同一申请人在同日（指申请日）对同样的发明创造既申请实用新型专利又申请发明专利的，应当在申请时分别说明对同样的发明创造已申请了另一专利；未作说明的，依照《专利法》第九条第一款关于同样的发明创造只能授予一项专利权的规定处理。国务院专利行政部门公告授予实用新型专利权，应当公告申请人已依照本条第二款的规定同时申请了发明专利的说明。发明专利申请经审查没有发现驳回理由，国务院专利行政部门应当通知申请人在规定期限内声明放弃实用新型专利权。申请人声明放弃的，国务院专利行政部门应当作出授予发明专利权的决定，并在公告授予发明专利权时一并公告申请人放弃实用新型专利权声明。申请人不同意放弃的，国务院专利行政部门应当驳回该发明专利申请；申请人期满未答复

的，视为撤回该发明专利申请。实用新型专利权自公告授予发明专利权之日起终止。"

根据《专利法实施细则》第四十一条的上述规定，B选项中王某在同日申请发明及实用新型但未作说明，此时王某没有机会选择放弃已经取得的实用新型专利权而获得发明申请的授权，只能通过修改发明专利申请权利要求的方式来避免重复授权，故B选项错误。而同日提出发明及实用新型专利申请并作出说明的，则实用新型专利权自同日提交的发明专利申请授权公告之日起终止，故C选项正确。另外，根据《专利法实施细则》第四十一条第一款的规定，D选项正确。

综上，本题正确答案为：C、D。

41. 下列哪些发明不具备创造性？
    A. 将油漆组合物中的防腐蚀剂去掉，得到不具有防腐蚀功能的油漆，节约了成本
    B. 将用于衣柜的自动闭合门结构用到书柜中
    C. 将电子表粘贴在鱼缸上，得到一种带有电子表的鱼缸
    D. 将已知的杀菌剂X用作抛光剂，实现了抛光效果

【答案】A B C
【知识点】创造性
【解析】《专利法》第二十二条第三款规定，创造性，是指与现有技术相比，该发明具有突出的实质性特点和显著的进步，该实用新型具有实质性特点和进步。《专利审查指南2010》第二部分第四章第2.2节"突出的实质性特点"中规定，发明有突出的实质性特点，是指对所属技术领域的技术人员来说，发明相对于现有技术是非显而易见的。如果发明是所属技术领域的技术人员在现有技术的基础上仅仅通过合乎逻辑的分析、推理或者有限的试验可以得到的，则该发明是显而易见的，也就不具备突出的实质性特点。在《专利审查指南2010》第二部分第四章第4.6.3节"要素省略的发明"中规定，要素省略的发明，是指省去已知产品或者方法中的某一项或多项要素的发明。如果发明省去一项或多项要素后其功能也相应地消失，则该发明不具备创造性。A选项中将油漆组合物中的防腐蚀剂去掉，得到不具有防腐蚀功能的油漆，对于所属技术领域的技术人员来说，完全属于在现有技术的基础上经过合乎逻辑的分析推理即可获得的技术方案，属于《专利审查指南2010》中规定的不具备创造性的要素省略的情形，因而不具备创造性。

《专利审查指南2010》第二部分第四章第4.2节"组合发明"中规定，如果要求保护的发明仅仅是将某些已知产品或方法组合或连接在一起，各自以其常规的方式工作，而且总的技术效果是各组合部分效果之总和，组合后的各技术特征之间在功能上无相互作用关系，仅仅是一种简单的叠加，则这种组合发明不具备创造性。选项C所述发明明显属于《专利审查指南2010》的上述规定的不具备创造性的情形，是现有技术的简单叠加。

《专利审查指南2010》第二部分第四章第4.5节"已知产品的新用途发明"中规定，已知产品的新用途发明，是指将已知产品用于新的目的的发明。在进行已知产品新用途发明的创造性判断时通常需要考虑：新用途与现有用途技术领域的远近、新用途所带来的技术效果

等。如果新的用途仅仅是使用了已知材料的已知的性质，则该用途发明不具备创造性。如果新的用途是利用了已知产品新发现的性质，并且产生了预料不到的技术效果，则这种用途发明具有突出的实质性特点和显著的进步，具备创造性。B选项所述的发明所涉及的书柜与现有技术的衣柜二者均属于家具类，技术领域相同，并且"闭合门结构"在书柜中的作用与衣柜中的作用相同，明显属于《专利审查指南》中规定的不具备创造性的"转用"，因而不具备创造性。而D选项所述发明利用了已知产品杀菌剂X的新发现的性质，将其用作抛光剂，产生了预料不到的技术效果，因而具有突出的实质性特点和显著的进步，具备创造性。

综上，本题正确答案为：A、B、C。

42. 下列有关实用性的说法哪些是正确的？
    A. 判断实用性应当以申请日提交的说明书（包括附图）和权利要求书所公开的整体技术内容为依据，而不仅仅局限于权利要求所记载的内容
    B. 某产品的制备方法，其对环境清洁度有苛刻要求，导致实施时成品率极低，所以该制备方法不具备实用性
    C. 具备实用性的发明或者实用新型应该能够制造或使用，并且应当已经实施
    D. 满足实用性要求的技术方案应当符合自然规律并且具有再现性

【答案】AD

【知识点】实用性

【解析】《专利法》第二十二条第四款规定，实用性，是指该发明或者实用新型能够制造或者使用，并且能够产生积极效果。《专利审查指南2010》第二部分第五章第3.2节"审查基准"中规定，《专利法》第二十二条第四款所说的"能够制造或者使用"是指发明或者实用新型的技术方案具有在产业中被制造或使用的可能性。满足实用性要求的技术方案不能违背自然规律并且应当具有再现性。故D选项正确。

《专利审查指南2010》第二部分第五章第3.2.1节"无再现性"中规定，再现性，是指所属技术领域的技术人员，根据公开的技术内容，能够重复实施专利申请中为解决技术问题所采用的技术方案。这种重复实施不得依赖任何随机的因素，并且实施结果应该是相同的。但是，……申请发明或者实用新型专利的产品的成品率低与不具有再现性是有本质区别的。前者是能够重复实施，只是由于实施过程中未能确保某些技术条件（例如环境洁净度、温度等）而导致成品率低；后者则是在确保发明或者实用新型专利申请所需全部技术条件下，所属技术领域的技术人员仍不可能重复实现该技术方案所要求达到的结果。根据上述规定可知，B选项错误。

《专利审查指南2010》第二部分第五章第3.1节"审查原则"中规定，审查发明或者实用新型专利申请的实用性时，应当遵循下列原则：（1）以申请日提交的说明书（包括附图）和权利要求书所公开的整体技术内容为依据，而不仅仅局限于权利要求所记载的内容；（2）实用性与所申请的发明或者实用新型是怎样创造出来的或者是否已经实施无关。根据上述规定可知，A选项正确，C选项错误。

综上，本题正确答案为：A、D。

43. 某外观设计专利申请的申请日为2010年9月30日，下列哪些设计构成了该申请的现有设计？

   A. 2010年6月1日申请人本人在中国政府主办的展览会上展出了该外观设计产品
   B. 2010年7月7日在法国某商场橱窗中陈列的设计
   C. 2010年9月30日公开在某杂志中的设计
   D. 2010年8月12日提出申请、2010年12月20日授权公告的中国外观设计专利申请中的设计

【答案】A B
【知识点】现有设计
【解析】《专利法》第二十三条第四款规定，该法所称现有设计，是指申请日以前在国内外为公众所知的设计。

A选项的外观设计于专利申请日前以在中国政府主办的展览会上展出的方式为公众所知，B选项的设计于申请日前以在国外的展示方式为公众所知，均属于《专利法》第二十三条第四款规定的现有设计。需要说明的是，虽然A选项的情形可以依据《专利法》第二十四条享受宽限期，但是申请人于专利申请日前在展会上展出行为已使相关设计构成了现有设计。

D选项所示外观设计并未在专利申请日前为公众所知，故不属于《专利法》第二十三条第四款规定的现有设计。需要注意的是，D选项所示外观设计属于在该申请日以前向国务院专利行政部门提出申请，并记载在申请日以后公告的专利文件，根据《专利法》第二十三条第一款的规定，其将破坏该申请的新颖性。

《专利审查指南2010》第四部分第五章第2节"现有设计"中规定，现有设计包括申请日以前在国内外出版物上公开发表过、公开使用过或者以其他方式为公众所知的设计。关于现有设计的时间界限、公开方式等参照第二部分第三章第2.1节的规定。根据《专利审查指南2010》第二部分第三章第2.1节"现有技术"中的规定，出版物的印刷日视为公开日。故C选项所示设计的公开日应视为2010年9月30日，即为专利申请日的当天。《专利审查指南2010》第二部分第三章第2.1节"现有技术"中还规定，现有技术的时间界限是申请日，享有优先权的，则指优先权日。广义上说，申请日以前公开的技术内容都属于现有技术，但申请日当天公开的技术内容不包括在现有技术范围内。故C选项的设计不属于现有设计。

综上，本题正确答案为：A、B。

44. 专利法第二十三条第三款规定，授予专利权的外观设计不得与他人在申请日以前已经取得的合法权利相冲突，下列哪些属于该规定所指的合法权利？

   A. 发明、实用新型专利权
   B. 商标权、著作权
   C. 企业名称权

D. 知名商品特有包装或者装潢使用权

【答案】BCD

【知识点】合法权利的类型

【解析】《专利法》第二十三条第三款规定，授予专利权的外观设计不得与他人在申请日以前已经取得的合法权利相冲突。《专利审查指南2010》第四部分第五章第7节"根据专利法第二十三条第三款的审查"中规定，合法权利，是指依照中华人民共和国法律享有并且在涉案专利申请日仍然有效的权利或者权益。包括商标权、著作权、企业名称权（包括商号权）、肖像权以及知名商品特有包装或者装潢使用权等。根据上述规定，很显然B、C、D选项属于《专利法》第二十三条第三款规定中所述的合法权利。而A选项中的发明、实用新型专利权的保护范围是由权利要求所述的技术方案予以限定的，其不会与由图片或照片确定保护范围的外观设计专利权构成冲突。

综上，本题正确答案为：B、C、D。

45. 发明专利申请请求书中出现的下列哪些情形不符合相关规定？

　　A. 申请人一栏填写为"李力　高级工程师"
　　B. 发明人一栏填写为"王明　赵伟（不公开姓名）"
　　C. 联系人一栏填写为"张宇，王量"
　　D. 发明名称一栏填写为"一种发电装置"

【答案】AC

【知识点】请求书应当满足的要求

【解析】《专利法》第二十六条第二款，请求书应当写明发明或者实用新型的名称，发明人的姓名，申请人姓名或者名称、地址，以及其他事项。《专利审查指南2010》第一部分第一章第4.1.3节"申请人"中对请求书中申请人的填写方式作出规定，根据上述规定可知，申请人是个人的，应当使用本人真实姓名，不得使用笔名或者其他非正式的姓名。姓名中不应当含有学位、职务等称号，例如××博士、××教授等。A选项对申请人的填写，除姓名"李力"外还包含了职称"高级工程师"，故不符合《专利审查指南2010》的上述规定。

《专利审查指南2010》第一部分第一章第4.1.2节"发明人"中规定，发明人应当是个人。发明人可以请求专利局不公布其姓名。提出专利申请时请求不公布发明人姓名的，应当在请求书"发明人"一栏所填写的相应发明人后面注明"（不公布姓名）"。故B选项符合《专利法》及其实施细则，以及《专利审查指南2010》的规定。

《专利审查指南2010》第一部分第一章第4.1.4节"联系人"中规定，联系人只能填写一人。填写联系人的，还需要同时填写联系人的通信地址、邮政编码和电话号码。C选项中的联系人包括二人，不符合《专利审查指南2010》的上述规定。

《专利审查指南2010》第一部分第一章第4.1.1节"发明名称"中规定，请求书中的发明名称和说明书中的发明名称应当一致。发明名称应当简短、准确地表明发明专利申请要求保护的主题和类型。D选项的发明名称符合相关规定。

综上，本题正确答案为：A、C。

46. 一件发明专利申请的权利要求书撰写如下：

"1. 一种方便面的制作方法，包括：将处理干净的蔬菜用沸水烫制成菜糊，用菜糊和水将杂粮粉和匀，制成面条，蒸熟，切块、分排，微波炉加热熟化烘干，最后经风冷干燥即可。

2. 根据权利要求1所述的制作方法，其特征在于：所述的杂粮是大豆、绿豆或豆类。

3. 根据权利要求1和2所述的制作方法，其特征在于：所述的蔬菜是菠菜、西红柿或胡萝卜。

4. 根据权利要求1所述的制作方法，其特征在于：菠菜在烫前要切除根部。"

在上述权利要求均得到说明书支持的情况下，哪些权利要求撰写上存在错误？

  A. 权利要求1
  B. 权利要求2
  C. 权利要求3
  D. 权利要求4

【答案】BCD

【知识点】权利要求的撰写要求

【解析】《专利法》第二十六条第四款规定，权利要求书应当以说明书为依据，清楚、简要地限定要求专利保护的范围。《专利审查指南2010》第二部分第二章第3.3节"权利要求的撰写规写"中规定，采用并列选择法概括时，被并列选择概括的具体内容应当是等效的，不得将上位概念概括的内容，用"或者"与其下位概念并列。本试题中，权利要求2对杂粮的进一步限定中，将上位概念"豆类"与其所包含的下位概念的"大豆""绿豆"并列，导致该权利要求的保护范围不清楚。

《专利法实施细则》第二十二条第二款规定，从属权利要求只能引用在前的权利要求。引用两项以上权利要求的多项从属权利要求，只能以择一方式引用在前的权利要求，并不得作为另一项多项从属权利要求的基础。《专利审查指南2010》第二部分第二章第3.3.2节"从属权利要求的撰写规定"中规定，多项从属权利要求是指引用两项以上权利要求的从属权利要求，多项从属权利要求的引用方式，包括引用在前的独立权利要求和从属权利要求，以及引用在前的几项从属权利要求。当从属权利要求是多项从属权利要求时，其引用的权利要求的编号应当用"或"或者其他与"或"同义的择一引用方式表达。本试题中的权利要求3为多项从属权利要求，却以非择一方式引用在先的权利要求1和2，故不符合《专利法实施细则》及《专利审查指南2010》的上述规定。

权利要求4进一步限定的技术特征"菠菜"，在其所引用的权利要求1中未出现，导致该权利要求4限定的技术方案不清楚。

综上，本题正确答案为：B、C、D。

47. 关于发明专利申请权利要求的撰写，下列哪些说法是正确的？

  A. 权利要求书中使用的科技术语应当与说明书中的一致，权利要求书中可以有数学式

B. 如果一项权利要求包含了另一项权利要求中的所有技术特征，且对该另一项权利要求的技术方案作进一步限定，则该权利要求为从属权利要求

C. 某独立权利要求为："1. 一种茶杯，包括部件A和B，其特征在于：还包括部件C"。其从属权利要求可以对部件C进行限定，但不能再对部件A进行限定

D. 引用两项以上权利要求的多项从属权利要求，可以以择一方式引用在前的权利要求，并不得作为另一项多项从属权利要求的基础

【答案】A D

【知识点】权利要求的撰写

【解析】《专利审查指南2010》第二部分第二章第3.3节"权利要求的撰写规定"中规定，权利要求中使用的科技术语应当与说明书中使用的科技术语一致。权利要求中可以有化学式或者数学式，但是不得有插图。根据上述规定可知，A选项正确。实际上数学式是限定参数特征之间关系的一种常见表达方式，因此在权利要求中允许有数学式。

《专利审查指南2010》第二部分第二章第3.1.2节"独立权利要求和从属权利要求"中规定，如果一项权利要求包含了另一项同类型权利要求中的所有技术特征，且对该另一项权利要求的技术方案作了进一步的限定，则该权利要求为从属权利要求。有时并列独立权利要求也引用在前的独立权利要求，例如，"一种实施权利要求1的方法的装置，……"；"一种制造权利要求1的产品的方法，……"；"一种包含权利要求1的部件的设备，……"；"与权利要求1的插座相配合的插头，……"等。这种引用其他独立权利要求的权利要求是并列的独立权利要求，而不能被看作是从属权利要求。根据上述规定可知，一项权利要求包含了另一项权利要求中的所有技术特征，且对该另一项权利要求的技术方案作进一步限定，也不一定就是从属权利要求，其可以是并列独立权利要求，所以B选项的说法不正确。

《专利审查指南2010》第二部分第二章第3.1.2节"独立权利要求和从属权利要求"中规定，从属权利要求中的附加技术特征，可以是对所引用的权利要求的技术特征作进一步限定的技术特征，也可以是增加的技术特征。《专利审查指南2010》第二部分第二章第3.3.2节"从属权利要求的撰写规定"中规定，从属权利要求的限定部分可以对在前的权利要求（独立权利要求或者从属权利要求）中的技术特征进行限定。在前的独立权利要求采用两部分撰写方式的，其后的从属权利要求不仅可以进一步限定该独立权利要求特征部分中的特征，也可以进一步限定前序部分中的特征。根据上述规定可知，C选项的说法不正确。

《专利法实施细则》第二十二条第二款规定，从属权利要求只能引用在前的权利要求。引用两项以上权利要求的多项从属权利要求，只能以择一方式引用在前的权利要求，并不得作为另一项多项从属权利要求的基础。根据该规定可知，多选从属权利要求以择一方式引用在前的权利要求是可以的，另外，根据该规定，多选从属权利要求不得作为另一项多项从属权利要求的基础，故D选项说法正确。

综上，本题正确答案为：A、D。

48. 某涉及生物材料的发明专利申请，申请日为2015年5月1日，优先权日为2014年6月

1日，申请人将该生物材料的样品提交到国家知识产权局认可的保藏单位进行保藏，下列手续哪些符合要求？

    A. 提交保藏的日期：2015年5月1日，提交保藏证明及存活证明的日期：2015年8月1日

    B. 提交保藏的日期：2014年6月1日，提交保藏证明及存活证明的日期：2015年9月1日

    C. 提交保藏的日期：2014年10月1日，提交保藏证明及存活证明的日期：2015年8月1日

    D. 提交保藏的日期：2014年10月1日，提交保藏证明及存活证明的日期：2015年8月1日，同时申请人提交声明表示放弃优先权

【答案】BD

【知识点】生物材料的保藏　期限计算　优先权

【解析】《专利法实施细则》第二十四条规定，申请专利的发明涉及新的生物材料，该生物材料公众不能得到，并且对该生物材料的说明不足以使所属领域的技术人员实施其发明的，除应当符合《专利法》和该细则的有关规定外，申请人还应当办理下列手续：（一）在申请日前或者最迟在申请日（有优先权的，指优先权日），将该生物材料的样品提交国务院专利行政部门认可的保藏单位保藏，并在申请时或者最迟自申请日起4个月内提交保藏单位出具的保藏证明和存活证明；期满未提交证明的，该样品视为未提交保藏；……

A、C选项所述情形，因提交保藏的日期晚于优先权日，故保藏手续不符合《专利法实施细则》第二十四条的规定。B选项所述情形提交保藏的日期为优先权日，提交保藏证明及存活证明的日期未超过自申请日起4个月，故手续符合相关规定。D选项所述情形，由于申请人声明放弃优先权，而其提交保藏的日期早于专利申请日，提交保藏证明及存活证明的日期未超过自申请日起4个月，故手续符合相关规定。

综上，本题正确答案为：B、D。

49. 下列涉及遗传资源发明专利申请的说法，哪些是正确的？

    A. 对违反法律的规定获取遗传资源，并依赖该遗传资源完成的发明创造，不授予专利权

    B. 专利法所称依赖遗传资源完成的发明创造，是指利用遗传资源完成的发明创造

    C. 依赖遗传资源完成的发明创造，申请人应当在专利申请文件中说明遗传资源的直接来源和原始来源

    D. 依赖遗传资源完成的发明创造，申请人无法说明直接来源的，可以在申请文件中陈述理由

【答案】AC

【知识点】对涉及遗传资源申请的特殊要求

【解析】《专利法》第五条第二款规定，对违反法律、行政法规的规定获取或者利用遗传资源，并依赖该遗传资源完成的发明创造，不授予专利权。根据该规定可知，A选项正确。

《专利法实施细则》第二十六条第一款规定，《专利法》所称遗传资源，是指取自人体、动物、植物或者微生物等含有遗传功能单位并具有实际或者潜在价值的材料；《专利法》所称依赖遗传资源完成的发明创造，是指利用了遗传资源的遗传功能完成的发明创造。根据该规定可知，B选项说法不正确，例如，利用遗传资源的遗传功能以外的其他性能完成的发明并不属于《专利法》所称"利用遗传资源完成的发明"。

《专利法》第二十六条第五款规定，依赖遗传资源完成的发明创造，申请人应当在专利申请文件中说明该遗传资源的直接来源和原始来源；申请人无法说明原始来源的，应当陈述理由。根据上述规定可知，申请人应当在专利申请文件中说明该遗传资源的直接来源和原始来源，当申请人无法说明"原始来源"时允许其陈述理由，而对于直接来源，申请人必须在专利申请文件中作出说明。故C选项正确、D选项不正确。

综上，本题正确答案为：A、C。

50. 下列在外观设计请求书中填写的使用外观设计的产品名称哪些是正确的？
    A. LED灯
    B. 办公用品
    C. 图形用户界面
    D. 成套沙发

【答案】A D
【知识点】外观设计产品名称
【解析】《专利审查指南2010》第一部分第三章第4.1.1节"使用外观设计的产品名称"中规定，使用外观设计的产品名称应当与外观设计图片或者照片中表示的外观设计相符合，准确、简明地表明要求保护的产品的外观设计。产品名称通常还应当避免下列情形：（1）含有人名、地名、国名、单位名称、商标、代号、型号或以历史时代命名的产品名称；（2）概括不当、过于抽象的名称，例如"文具""炊具""乐器""建筑用物品"等；……（5）以外国文字或无确定的中文意义的文字命名的名称，例如"克莱斯酒瓶"，但已经众所周知并且含义确定的文字可以使用，例如"DVD播放机"、"LED灯"、"USB集线器"等。根据上述规定，本试题A选项虽然包含外国文字"LED"，该文字众所周知且含义确定，故符合要求。B选项所示的"办公用品"过于抽象，不符合《专利审查指南2010》的上述规定。C选项所述"图形用户界面"不是独立的产品，故不正确。D选项所述名称准确、简明，符合要求。

综上，本题正确答案为：A、D。

51. 某外观设计专利在其简要说明中说明请求保护色彩，下列哪些说法是正确的？
    A. 该专利要求保护的外观设计为图片或照片所示包含有色彩的外观设计
    B. 该专利要求保护的外观设计为以色彩设计为设计要点的外观设计
    C. 在判断被诉设计是否落入该专利的保护范围时，应重点考虑色彩对整体视觉效果的

影响

D. 在判断被诉设计是否落入授权专利的保护范围时，应将该专利中的色彩设计以及图片或照片所示其他设计作整体观察、综合判断

【答案】AD

【知识点】外观设计专利权的保护范围

【解析】《专利法》第五十九条第二款规定，外观设计专利权的保护范围以表示在图片或者照片中的该产品的外观设计为准，简要说明可以用于解释图片或者照片所表示的该产品的外观设计。根据该规定可知，A、D选项正确；B、C选项错误。

综上，本题正确答案为：A、D。

52. 某发明专利申请的权利要求如下：

"1. 一种混合器，其特征在于：包括由材料A制成的搅拌器、形状为B形的混合室。

2. 一种制造混合器的方法，所述的混合器包括搅拌器和混合室，其特征在于：搅拌器由材料A制成。

3. 根据权利要求2所述的方法，其特征在于：包括步骤C，将混合室形状制成B形。

4. 一种用权利要求1的混合器制造混凝土的方法，其特征在于：包括将原料送入混合室并进行搅拌的步骤。"

现有技术公开的混合器包括搅拌器及混合室，其中搅拌器由材料A制成。经审查，本发明权利要求1因包括B形混合器而具备创造性，下列说法哪些是正确的？

A. 权利要求1、2之间具有单一性
B. 权利要求1、3之间具有单一性
C. 权利要求3、4之间具有单一性
D. 权利要求1、4之间具有单一性

【答案】BCD

【知识点】发明的单一性

【解析】《专利法》第三十一条第一款，一件发明或者实用新型专利申请应当限于一项发明或者实用新型。属于一个总的发明构思的两项以上的发明或者实用新型，可以作为一件申请提出。《专利法实施细则》第三十四条规定，依照《专利法》第三十一条第一款规定，可以作为一件专利申请提出的属于一个总的发明构思的两项以上的发明或者实用新型，应当在技术上相互关联，包含一个或者多个相同或者相应的特定技术特征，其中特定技术特征是指每一项发明或者实用新型作为整体，对现有技术作出贡献的技术特征。《专利审查指南2010》第二部分第六章第2.1.1节"总的发明构思"中规定，属于一个总的发明构思的两项以上的发明在技术上必须相互关联，这种相互关联是以相同或者相应的特定技术特征表示在它们的权利要求中的。根据上述规定，本试题权利要求1中的"混合室的形状B"是对现有技术作出贡献的特定技术特征，权利要求3中的步骤C与之相应，也为特定技术特征。权利要求2不包含特定技术特征B或C；权利要求4引用了权利要求1、包含了权利要求1中的

技术特征"混合室的形状B",因此权利要求1和3之间具有单一性、权利要求1和4之间具有单一性、权利要求3和4之间具有单一性;权利要求1和2之间不具有单一性,即B、C、D选项正确,A选项错误。

综上,本题正确答案为:B、C、D。

53. 下列哪些选项所示外观设计可以作为一件外观设计专利申请提出?
    A. 轿车和轿车车模的相似外观设计
    B. 设计构思相同的床、床头柜的外观设计
    C. 咖啡杯和咖啡壶的成套产品外观设计,以及与其中的咖啡杯相似的另一款咖啡杯外观设计
    D. 仅有色彩差别的产品包装盒的两项外观设计

【答案】BD

【知识点】外观设计的单一性

【解析】《专利法》第三十一条第二款,一件外观设计专利申请应当限于一项外观设计。同一产品两项以上的相似外观设计,或者用于同一类别并且成套出售或者使用的产品的两项以上外观设计,可以作为一件申请提出。根据上述规定可知,符合单一性要求的外观设计包括两种情形,一是同一产品两项以上的相似外观设计;二是成套出售或者使用的产品的两项以上外观设计。A选项中的"轿车"和"轿车车模"二者属于不同产品,且不是成套出售的产品,故无论二者的外观设计是否相似,均不符合单一性要求。B选项所述的床与床头柜为成套出售产品,且外观设计设计构思相同,故符合单一性要求。

《专利审查指南2010》第一部分第三章第9.2.4节"成套产品中不应包含相似外观设计"中规定,成套产品外观设计专利申请中不应包含某一件或者几件产品的相似外观设计。例如,一项包含餐用杯和碟的成套产品外观设计专利申请中,不应再包括所述杯和碟的两项以上的相似外观设计。由此可见,C选项的外观设计不符合单一性要求。

根据《专利审查指南2010》第四部分第五章第5.2.6.3节"色彩的判断"中的规定可知,单一色彩的外观设计仅作色彩改变,两者仍属于实质相同的外观设计,故D选项所述仅有色彩差别的产品包装盒的两项外观设计属于"同一产品两项以上的相似外观设计",符合单一性要求。

综上,本题正确答案为:B、D。

54. 下列哪些选项所示申请号为实用新型专利申请?
    A. 201430465498.X
    B. 201290004238.0
    C. 201320278122.1
    D. 201140376384.3

【答案】BC

【知识点】专利申请号标准

【解析】《专利申请号标准》ZC 0006—2003第4.1条中规定，专利申请号用12为阿拉伯数字表示，包括申请年号、申请种类号，申请流水号三个部分。按照由左向右的次序，专利申请号的第1~4位数字表示受理专利申请的年号，第5位数字表示专利申请的种类。第4.3条中规定，专利申请号中的申请种类号用1位数字表示，所使用数字的含义规定如下：1表示发明专利申请；2表示实用新型专利申请；3表示外观设计专利申请；8表示进入中国国家阶段的PCT发明专利申请；9表示进入中国国家阶段的PCT实用新型专利申请。根据上述规定可知，A选项所示为外观设计专利申请，B选项所示为进入中国国家阶段的PCT实用新型专利申请，C选项为实用新型专利申请，而D选项不符合《专利申请号标准》ZC 0006—2003的规范。故B、C选项为实用新型专利申请。

综上，本题正确答案为：B、C。

55. 对于经初步审查符合相关规定的下列发明专利申请，有关公布的说法哪些是正确的？
    A. 申请人请求早日公布的，应当在初审合格后立即予以公布
    B. 申请人未要求提前公布的，则自申请日起满十八个月即行公布，与优先权日无关
    C. 申请人未要求提前公布的，则自优先权日起满十八个月即行公布
    D. 分案申请自提出分案请求之日起满十八个月即行公布

【答案】A C
【知识点】申请日 优先权日 期限的起算日
【解析】《专利法》第三十四条规定，国务院专利行政部门收到发明专利申请后，经初步审查认为符合该法要求的，自申请日起满18个月，即行公布。国务院专利行政部门可以根据申请人的请求早日公布其申请。《专利法实施细则》第十一条规定，除《专利法》第二十八条和第四十二条规定的情形外，《专利法》所称申请日，有优先权的，指优先权日。该细则所称申请日，除另有规定的外，是指《专利法》第二十八条规定的申请日。《专利审查指南2010》第五部分第八章第1.2.1.1节"发明专利申请公布"中规定，发明专利申请经初步审查合格后，自申请日（有优先权的，为优先权日）起满15个月进行公布准备，并于18个月期满时公布。根据上述规定可知，对于享有优先权的发明专利申请，其初步审查合格后的公布日应自优先权日起满18个月，若申请人要求提前公布，则应在初步审查合格后及时公布。所以A、C选择正确，B选项错误。

《专利法实施细则》第四十三条第一款规定，依照该细则第四十二条规定提出的分案申请，可以保留原申请日，享有优先权的，可以保留优先权日，但是不得超出原申请记载的范围。根据该规定可知，分案申请的申请日同原申请的申请日，而分案申请的提出日并不是该分案申请的申请日，故对于分案申请的公布日并非自分案申请的提出日起满18个月。分案申请的公布日期原则上适用《专利法》第三十四条规定，即自申请日起满18个月即行公布，然而实践中，分案申请的提出日往往距离其申请日（同原申请的申请日）较远，甚至已超过18个月，此时应在初步审查合格后及时予以公布。因此D选项错误。

综上，本题正确答案为：A、C。

56. 根据专利法实施细则的规定，当事人因不可抗拒的事由延误规定期限并导致权利丧失的，可以在规定的期限内请求恢复权利。以下哪些期限不适用这一规定？

 A．优先权期限

 B．缴纳年费的期限

 C．专利权的期限

 D．请求实质审查的期限

【答案】A C

【知识点】期限 耽误期限的处分

【解析】《专利法实施细则》第六条第一款及第五款规定，当事人因不可抗拒的事由而延误《专利法》或者该细则规定的期限或者国务院专利行政部门指定的期限，导致其权利丧失的，自障碍消除之日起2个月内，最迟自期限届满之日起2年内，可以向国务院专利行政部门请求恢复权利。该条第一款和第二款的规定不适用《专利法》第二十四条、第二十九条、第四十二条、第六十八条规定的期限。根据上述规定，不丧失新颖性的宽限期、优先权期限、专利权期限、侵权诉讼时效的期限被延误导致权利丧失的，当事人不能请求恢复。因此A、C选项所示期限被延误的不能请求恢复。

 综上，本题正确答案为：A、C。

57. 关于费用转换，下列说法哪些是正确的？

 A．当事人请求转换费用种类的，应当在转换后费用的缴纳期限内提出请求并附具相应证明

 B．费用种类转换的，缴费日不变

 C．费用种类转换的，缴费日应确定为当事人提出转换费用请求之日

 D．不同专利申请之间的费用不能转换

【答案】A B D

【知识点】费用种类的转换

【解析】《专利审查指南2010》第五部分第二章第6节"费用种类的转换"中规定，对于同一专利申请（或专利）缴纳费用时，费用种类填写错误的，缴纳该款项的当事人可以在转换后费用的缴纳期限内提出转换费用种类请求并附具相应证明，经专利局确认后可以对费用种类进行转换。但不同申请号（或专利号）之间的费用不能转换。费用种类转换的，缴费日不变。根据上述规定，A、B、D选项正确，C选项错误。

 综上，本题正确答案为：A、B、D。

58. 专利申请人为多人且未委托专利代理机构的，其代表人可以代表全体申请人办理下列哪些手续？

 A．委托专利代理

 B．答复审查意见通知书

C. 办理延长期限请求
D. 撤回优先权要求

【答案】BC

【知识点】代表人的权利

【解析】《专利审查指南2010》第一部分第一章第4.1.5节"代表人"中规定，除直接涉及共有权利的手续外，代表人可以代表全体申请人办理在专利局的其他手续。直接涉及共有权利的手续包括：提出专利申请，委托专利代理，转让专利申请权、优先权或者专利权，撤回专利申请，撤回优先权要求，放弃专利权等。直接涉及共有权利的手续应当由全体权利人签字或者盖章。根据上述规定，A、D选项涉及共有权利，不能由代表人代理全体申请人办理；B、C选项不涉及共有权利，可以由代表人代理全体申请人办理。

综上，本题正确答案为：B、C。

59. 关于本国优先权，下列哪些说法是正确的？

A. 发明专利申请要求本国优先权的，在先申请既可以是发明专利申请也可以是实用新型专利申请
B. 在后申请的申请人与在先申请中记载的申请人应当一致，不一致的应当在规定期限内提交优先权转让证明
C. 已经授予专利权但尚处于优先权期限内的申请可以作为在后申请的本国优先权基础
D. 因未缴纳申请费被视为撤回但尚处于优先权期限内的申请可以作为在后申请的本国优先权基础

【答案】ABD

【知识点】本国优先权

【解析】《专利法》第二十九条规定，申请人自发明或者实用新型在外国第一次提出专利申请之日起12个月内，或者自外观设计在外国第一次提出专利申请之日起6个月内，又在中国就相同主题提出专利申请的，依照该外国同中国签订的协议或者共同参加的国际条约，或者依照相互承认优先权的原则，可以享有优先权。申请人自发明或者实用新型在中国第一次提出专利申请之日起12个月内，又向国务院专利行政部门就相同主题提出专利申请的，可以享有优先权。《专利法实施细则》第三十二条第二款规定，申请人要求本国优先权，在先申请是发明专利申请的，可以就相同主题提出发明或者实用新型专利申请；在先申请是实用新型专利申请的，可以就相同主题提出实用新型或者发明专利申请。但是，提出后一申请时，在先申请的主题有下列情形之一的，不得作为要求本国优先权的基础：（一）已经要求外国优先权或者本国优先权的；（二）已经被授予专利权的；（三）属于按照规定提出的分案申请的。根据上述规定可知，A、D选项正确，C选项错误。

《专利审查指南2010》第一部分第一章第6.2.2.4节"在后申请的申请人"中规定，要求优先权的在后申请的申请人与在先申请中记载的申请人应当一致；不一致的，在后申请的申请人应当在提出在后申请之日起3个月内提交由在先申请的全体申请人签字或者盖章的优

先权转让证明文件。在后申请的申请人期满未提交优先权转让证明文件，或者提交的优先权转让证明文件不符合规定的，审查员应当发出视为未要求优先权通知书。由此可见，B选项正确。

综上，本题正确答案为：A、B、D。

60. 申请X是申请Y所要求优先权的在先申请。申请X在说明书中记载了由技术特征a、b构成的技术方案，在权利要求书中记载了技术特征b、c构成的技术方案，在说明书摘要中记载了技术特征a、c构成的技术方案。申请Y要求保护的下列哪些技术方案可以要求申请X的优先权？

　　A. 技术特征b、c构成的技术方案
　　B. 技术特征a、b构成的技术方案
　　C. 技术特征a、c构成的技术方案
　　D. 技术特征a、b、c构成的技术方案

【答案】A B
【知识点】优先权的核实
【解析】《专利审查指南2010》第二部分第八章第4.6.2节"优先权核实的一般原则"中规定，一般来说，核实优先权是指核查申请人要求的优先权是否能依照《专利法》第二十九条的规定成立。为此，审查员应当在初步审查部门审查的基础上（参见指南第一部分第一章第6.2节）核实：(1)作为要求优先权的基础的在先申请是否涉及与要求优先权的在后申请相同的主题；(2)该在先申请是否是记载了同一主题的首次申请；(3)在后申请的申请日是否在在先申请的申请日起12个月内。进行上述第(1)项核实，即判断在后申请中各项权利要求所述的技术方案是否清楚地记载在上述在先申请的文件（说明书和权利要求书，不包括摘要）中。根据上述规定可知，如果要求优先权的在后申请中各项权利要求所述的技术方案清楚地记载在在先申请的说明书和权利要求书，则在满足其他条件的情况下可以享有优先权。本试题中，A、B选项的技术方案分别记载在在先申请的权利要求书、说明书中，可以享有优先权；而C选项的技术方案仅记载在在先申请的说明书摘要中，不能享有优先权；D选项的技术方案中的各技术特征虽然分别记载在在先申请的权利要求书及说明书中，但是由这些技术特征构成的技术方案并未记载在在先申请的权利要求书或说明书中，故不能享有优先权。

综上，本题正确答案为：A、B。

61. 关于申请人对发明专利申请的修改，以下说法哪些是正确的？
　　A. 在提出实质审查请求时，以及收到发明申请进入实质审查阶段通知书之日起3个月内，申请人可以对发明专利申请主动提出修改
　　B. 主动修改时，可以扩大原权利要求请求保护的范围，但不能超出原说明书及权利要求书的记载范围

C. 在答复审查意见通知书时对申请文件进行修改的，通常只能针对通知书指出的缺陷进行修改

D. 答复审查意见通知书时对申请文件进行修改的，只要修改文本未超出原说明书及权利要求书的记载范围均应当被接受

【答案】A B C

【知识点】发明专利申请的修改

【解析】《专利法》第三十三条规定，申请人可以对其专利申请文件进行修改，但是，对发明和实用新型专利申请文件的修改不得超出原说明书和权利要求书记载的范围，对外观设计专利申请文件的修改不得超出原图片或者照片表示的范围。《专利法实施细则》第五十一条第一款及第三款规定，发明专利申请人在提出实质审查请求时以及在收到国务院专利行政部门发出的发明专利申请进入实质审查阶段通知书之日起的3个月内，可以对发明专利申请主动提出修改。申请人在收到国务院专利行政部门发出的审查意见通知书后对专利申请文件进行修改的，应当针对通知书指出的缺陷进行修改。《专利审查指南2010》第二部分第八章第5.2.1.3节"答复审查意见通知书时的修改方式"中规定，根据《专利法实施细则》第五十一条第三款的规定，在答复审查意见通知书时，对申请文件进行修改的，应当针对通知书指出的缺陷进行修改，如果修改的方式不符合《专利法实施细则》第五十一条第三款的规定，则这样的修改文本一般不予接受。

根据上述规定可知，发明专利申请的申请人只能在法律规定的时机内对申请文件主动进行修改，此时的修改应当符合《专利法》第三十三条的规定，即不得超出原申请文件的记载范围；而针对审查意见通知书的修改，不仅要符合《专利法》第三十三条的规定，而且还要符合《专利法实施细则》第五十一条第三款的规定，即应是针对通知书指出的缺陷进行修改。由此可见，A、B、C选项正确，D选项不正确。

综上，本题正确答案为：A、B、C。

62. 对于实用新型专利申请，下列哪些情况可能在初步审查程序中被驳回？

A. 权利要求得不到说明书支持

B. 权利要求所要求保护的技术方案不具备新颖性

C. 权利要求所保护的技术方案不具备单一性

D. 说明书缺少要求保护的产品的形状或构造图

【答案】A B C D

【知识点】实用新型专利申请的初步审查

【解析】《专利法》第四十条规定，实用新型和外观设计专利申请经初步审查没有发现驳回理由的，由国务院专利行政部门作出授予实用新型专利权或者外观设计专利权的决定，发给相应的专利证书，同时予以登记和公告。实用新型专利权和外观设计专利权自公告之日起生效。《专利法实施细则》第四十四条规定，《专利法》第三十四条和第四十条所称初步审查，是指审查专利申请是否具备《专利法》第二十六条或者第二十七条规定的文件和其他必

要的文件，这些文件是否符合规定的格式，并审查下列各项：……（二）实用新型专利申请是否明显属于《专利法》第五条、第二十五条规定的情形，是否不符合《专利法》第十八条、第十九条第一款、第二十条第一款或者该细则第十六条至第十九条、第二十一条至第二十三条的规定，是否明显不符合《专利法》第二条第三款、第二十二条第二款、第四款、第二十六条第三款、第四款、第三十一条第一款、第三十三条或者该细则第二十条、第四十三条第一款的规定，是否依照《专利法》第九条规定不能取得专利权；……由此可见，A选项涉及的《专利法》第二十六条第四款、B选项涉及的《专利法》第二十二条第二款、C选项涉及的《专利法》第三十一条第一款、D选项涉及的《专利法实施细则》第十七条第五款，均属于实用新型初步审查的内容，如果实用新型专利申请存在不符合上述规定的问题，则在初步审查中均有可能被驳回。

综上，本题正确答案为：A、B、C、D。

63. 关于针对审查意见通知书的答复，下列说法正确的是？
   A. 电子申请的申请人仍可以采用纸件形式提交答复意见
   B. 申请人因正当理由难以在指定期限内做出答复的，可以在期限届满前提出不超过2个月的延期请求
   C. 直接提交给审查员的答复文件不视为正式答复，不具备法律效力
   D. 申请人有两个以上且委托了专利代理机构的，提交答复意见时可以仅由代表人签字

【答案】BC

【知识点】通知书的答复

【解析】《专利审查指南2010》第五部分第十一章第5.5节"需要提交纸件原件的文件"中规定，申请人提出电子申请并被受理的，办理专利申请的各种手续应当以电子文件形式提交。对《专利法》及其实施细则和该指南中规定的必须以原件形式提交的文件，例如，费用减缓证明、专利代理委托书、著录项目变更证明和复审及无效程序中的证据等，应当在专利法及其实施细则和该指南中规定的期限内提交纸件原件。根据上述规定可知，电子申请的申请人应当以电子文件形式（而非纸件形式）提交答复意见，故A选项错误。

《专利审查指南2010》第一部分第一章第3.4节"通知书的答复"中规定，申请人因正当理由难以在指定的期限内作出答复的，可以提出延长期限请求。《专利审查指南2010》第五部分第七章第4.1节"延长期限请求"中规定，当事人因正当理由不能在期限内进行或者完成某一行为或者程序时，可以请求延长期限。可以请求延长的期限仅限于指定期限。《专利审查指南2010》第五部分第七章第4.2节"延长期限请求的批准"中规定，延长期限请求由作出相应通知和决定的部门或者流程管理部门进行审批。延长的期限不足1个月的，以1个月计算。延长的期限不得超过2个月。对同一通知或者决定中指定的期限一般只允许延长一次。根据上述规定，B选项正确。

《专利审查指南2010》第二部分第八章第5.1.1节"答复的方式"中规定，申请人的答复应当提交给专利局受理部门。直接提交给审查员的答复文件或征询意见的信件不视为正式

答复，不具备法律效力。故C选项正确。

《专利审查指南2010》第二部分第八章第5.1.2节"答复的签署"中规定，申请人未委托专利代理机构的，其提交的意见陈述书或者补正书，应当有申请人的签字或者盖章；申请人是单位的，应当加盖公章；申请人有两个以上的，可以由其代表人签字或者盖章。申请人委托了专利代理机构的，其答复应当由其所委托的专利代理机构盖章，并由委托书中指定的专利代理人签字或者盖章。根据上述规定，D选项错误。

综上，本题正确答案为：B、C。

64. 下列关于实用新型专利申请文件的修改，哪些未超出原说明书和权利要求书记载的范围？
  A. 修改从属权利要求的引用部分，改正引用关系上的错误
  B. 在从属权利要求中增加通过测量说明书附图得出的尺寸参数技术特征
  C. 根据最接近的现有技术，对独立权利要求重新划分前序部分与特征部分
  D. 将手绘说明书附图改为内容一致的机械制图

【答案】ACD

【知识点】允许的修改　不允许的修改

【解析】《专利法》第三十三条规定，申请人可以对其专利申请文件进行修改，但是，对发明和实用新型专利申请文件的修改不得超出原说明书和权利要求书记载的范围，对外观设计专利申请文件的修改不得超出原图片或者照片表示的范围。《专利审查指南2010》第一部分第二章第8节"根据专利法第三十三条的审查"中规定，如果申请人对申请文件进行修改时，加入了所属技术领域的技术人员不能从原说明书和权利要求书中直接地、毫无疑义地确定的内容，这样的修改被认为超出了原说明书和权利要求书记载的范围。应当注意的是：对明显错误的更正，不能被认为超出了原说明书和权利要求书记载的范围。所谓明显错误，是指不正确的内容可以从原说明书、权利要求书的上下文中清楚地判断出来，没有作其他解释或者修改的可能。《专利审查指南2010》第二部分第八章第5.2.2.1节"对权利要求书的修改"中规定了允许对权利要求书修改的情形，其中包括："（5）将独立权利要求相对于最接近的现有技术正确划界。这样的修改不会超出原权利要求书和说明书记载的范围，因此是允许的。（6）修改从属权利要求的引用部分，改正引用关系上的错误，使其准确地反映原说明书中所记载的实施方式或实施例。这样的修改不会超出原权利要求书和说明书记载的范围，因此是允许的。"根据上述规定，很显然A、C、D选项所述的修改属于上述规定所允许的修改，未超出原始申请文件的记载范围。

《专利审查指南2010》第二部分第八章第5.2.3节"不允许的修改"中规定，作为一个原则，凡是对说明书（及其附图）和权利要求书作出不符合《专利法》第三十三条规定的修改，均是不允许的。具体地说，如果申请的内容通过增加、改变和/或删除其中的一部分，致使所属技术领域的技术人员看到的信息与原申请记载的信息不同，而且又不能从原申请记载的信息中直接地、毫无疑义地确定，那么，这种修改就是不允许的。《专利审查指南

2010》第二部分第八章第5.2.3.1节"不允许的增加"中规定了几种不能允许的增加内容的修改，其中包括："（3）增加的内容是通过测量附图得出的尺寸参数技术特征。"B选项所述内容明显属于上述规定不允许的增加，超出了原始申请文件的记载范围。

综上，本题正确答案为：A、C、D。

65. 关于分案申请，下列说法正确的是？
    A. 分案申请的类别应当与原申请的类别一致
    B. 收到原申请的驳回决定后提出的分案申请均应被视为未提出
    C. 分案申请与原申请的权利要求书应当分别保护不同的技术方案
    D. 分案申请所要求保护的技术方案不得超出原申请记载的范围

【答案】ACD
【知识点】分案申请
【解析】《专利法实施细则》第四十二条第三款规定，分案的申请不得改变原申请的类别。故A选项正确。

《专利审查指南2010》第一部分第一章第5.1节"分案申请"中规定，对于审查员已发出驳回决定的原申请，自申请人收到驳回决定之日起3个月内，不论申请人是否提出复审请求，均可以提出分案申请；在提出复审请求以后以及对复审决定不服提起行政诉讼期间，申请人也可以提出分案申请。根据上述规定，对于申请人收到原申请的驳回决定后提出的分案申请，需具体情况具体分析，在驳回决定尚未生效的情况下，申请人仍然可以提出分案申请，故B选项错误。

《专利审查指南2010》第二部分第六章第3.2节"分案申请应当满足的要求"中规定，分案以后的原申请与分案申请的权利要求书应当分别要求保护不同的发明；而它们的说明书可以允许有不同的情况。例如，分案前原申请有A、B两项发明；分案之后，原申请的权利要求书若要求保护A，其说明书可以仍然是A和B，也可以只保留A；分案申请的权利要求书若要求保护B，其说明书可以仍然是A和B，也可以只是B。根据上述规定可知，C选项正确。

《专利法实施细则》第四十三条第一款规定，依照该细则第四十二条规定提出的分案申请，可以保留原申请日，享有优先权的，可以保留优先权日，但是不得超出原申请记载的范围。故D选项正确。

综上，本题正确答案为：A、C、D。

66. 下列哪些情况下可以更换专利证书？
    A. 专利证书损坏的
    B. 因专利权的转让发生专利权人名称变更的
    C. 因专利权人更名发生专利权人名称变更的
    D. 依据人民法院关于专利权权属纠纷的生效判决办理变更专利权人手续的

【答案】AD

【知识点】专利证书的更换

【解析】《专利审查指南2010》第五部分第九章第1.2.3节"专利证书的更换"中规定，专利权权属纠纷经地方知识产权管理部门调解或者人民法院调解或者判决后，专利权归还请求人的，在该调解或者判决发生法律效力后，当事人可以在办理变更专利权人手续合格后，请求专利局更换专利证书。专利证书损坏的，专利权人可以请求更换专利证书。专利权终止后，专利局不再更换专利证书。因专利权的转移、专利权人更名发生专利权人姓名或者名称变更的，均不予更换专利证书。根据上述规定，此A选项所述专利证书损坏的、D选项所述依据人民法院关于专利权权属纠纷的生效判决办理变更专利权人手续的可以请求更换专利证书；而B选项所述因专利权的转让发生专利权人名称变更的、C选项所述因专利权人更名发生专利权人名称变更的，不属于可以更换专利证书的情况。

综上，本题正确答案为：A、D。

67. 下列关于电子申请的说法哪些是正确的？

　A. 一般情况下，专利局以电子文件形式通过电子专利申请系统向电子申请用户发送各种通知书和决定

　B. 电子申请用户未及时接收电子文件形式的通知书的，专利局将作出公告送达

　C. 自发文日起十五日内申请人未接收电子文件形式的通知书和决定的，专利局可以发出纸件形式的该通知书和决定的副本

　D. 电子方式送达的通知和决定，自发文日起满十五日推定为当事人收到日

【答案】ACD

【知识点】电子申请　电子发文

【解析】《专利审查指南2010》第五部分第十一章第6节"电子发文"中规定，专利局以电子文件形式通过电子专利申请系统向电子申请用户发送各种通知书和决定。电子申请用户应当及时接收专利局电子文件形式的通知书和决定。电子申请用户未及时接收的，不作公告送达。自发文日起15日内申请人未接收电子文件形式的通知书和决定的，专利局可以发出纸件形式的该通知书和决定的副本。由此可知，A、C选项正确，B选项不正确。需要注意的是，虽然在申请人自发文日起15日内未接收电子文件形式的通知书和决定的情况下，应申请人的请求专利局可以发出纸件形式的该通知书和决定的副本，但此时通知书和决定的发文日并不改变，相应的期限届满日也并未改变。

《专利审查指南2010》第五部分第六章第2.3节"送达日"中规定，通过邮寄、直接送交和电子方式送达的通知和决定，自发文日起满15日推定为当事人收到通知和决定之日。即电子方式送达的通知书和决定，仍然是自发文日起满15日推定当事人收到，故D选项正确。

综上，本题正确答案为：A、C、D。

68. 关于当事人向国家知识产权局申请行政复议，以下说法正确的是？
　　A. 当事人可以自知道相关具体行政行为之日起 60 日内提出行政复议申请
　　B. 当事人提起行政复议后，应当在规定的期限内缴纳行政复议费
　　C. 行政复议期间，具体行政行为原则上不停止执行
　　D. 针对国家知识产权局作出的具体行政行为，当事人在提起行政复议的同时可以向人民法院提起行政诉讼

【答案】A C
【知识点】行政复议
【解析】《国家知识产权局行政复议规程》（以下简称《复议规程》）第八条第一款规定，公民、法人或者其他组织认为国家知识产权局的具体行政行为侵犯其合法权益的，可以自知道该具体行政行为之日起 60 日内提出行政复议申请。故 A 选项正确。

《复议规程》第三十四条规定，行政复议不收取费用。故 B 选项不正确。

《复议规程》第十九条规定，行政复议期间，具体行政行为原则上不停止执行。行政复议机构认为需要停止执行的，应当向有关部门发出停止执行通知书，并通知复议申请人及第三人。故 C 选项正确。

《复议规程》第九条第二款、第三款规定，向国家知识产权局申请行政复议，复议机构已经依法受理的，在法定行政复议期限内不得向人民法院提起行政诉讼。国家知识产权局受理行政复议申请后，发现在受理前或者受理后当事人向人民法院提起行政诉讼并且人民法院已经依法受理的，驳回行政复议申请。根据上述规定，D 选项错误。

综上，本题正确答案为：A、C。

69. 针对甲的发明专利权 A，乙提出无效宣告请求，下列哪些情形合议组成员应当自行回避或者当事人有权利请求其回避？
　　A. 合议组主审员是乙的近亲属
　　B. 合议组参审员是该发明专利权 A 在实质审查阶段的审查员
　　C. 合议组组长在乙请求宣告甲的另一项发明专利权 B 无效的案件中担任主审员，且该案审查结论是维持专利权 B 有效
　　D. 合议组组长在乙针对该发明专利权 A 的第一次无效宣告请求案中担任主审员，且该第一次无效宣告案件的审查结论是维持专利权 A 有效

【答案】A B D
【知识点】无效宣告程序中的回避
【解析】《专利法实施细则》第三十七条规定，在初步审查、实质审查、复审和无效宣告程序中，实施审查和审理的人员有下列情形之一的，应当自行回避，当事人或者其他利害关系人可以要求其回避：（一）是当事人或者其代理人的近亲属的；（二）与专利申请或者专利权有利害关系的；（三）与当事人或者其代理人有其他关系，可能影响公正审查和审理的；（四）专利复审委员会成员曾参与原申请的审查的。根据上述规定，A 选项中，合议组主审

员是请求人乙的近亲属,故应回避;B选项中,参审员参与了该发明专利权A在实质审查阶段的审查,故也应回避。

《专利审查指南2010》第四部分第一章第3.1节"合议组的组成"中规定,专利复审委员会作出维持专利权有效或者宣告专利权部分无效的审查决定以后,同一请求人针对该审查决定涉及的专利权以不同理由或者证据提出新的无效宣告请求的,作出原审查决定的主审员不再参加该无效宣告案件的审查工作。C选项中,合议组组长曾参与审查的是甲的另一项发明专利权B无效宣告案件,故不属于应当回避情形;D选项中,合议组组长曾参与审查的是针对同一发明专利权A的第一次无效宣告请求案,且担任主审员,故应当回避。

综上,本题正确答案为:A、B、D。

70. 甲针对乙的发明专利权A提出无效宣告请求,专利复审委员会经审查做出维持专利权A有效的审查决定,在此情况下,甲采取的下列哪些措施符合相关规定?

　　A. 依据同样的理由和证据再次提起针对发明专利权A的无效宣告请求,要求专利复审委员会重新成立合议组、重新做出审查决定
　　B. 依据新的证据或理由向专利复审委员会针对发明专利权A提起新的无效宣告请求
　　C. 针对已经做出的审查决定向北京市知识产权法院起诉
　　D. 针对已经做出的审查决定向国家知识产权局申请行政复议

【答案】B C
【知识点】对无效宣告审查决定不服的司法救济　一事不再理审查原则
【解析】《专利法实施细则》第六十六条第二款规定,在专利复审委员会就无效宣告请求作出决定之后,又以同样的理由和证据请求无效宣告的,专利复审委员会不予受理。《专利审查指南2010》第四部分第三章第2.1节"一事不再理原则"中规定,对已作出审查决定的无效宣告案件涉及的专利权,以同样的理由和证据再次提出无效宣告请求的,不予受理和审理。据此,A选项错误。而B选项中的无效宣告虽然是针对同一专利权,但所依据的理由或证据是新的,不属于"一事不再理"的情形,故B选项正确。

《专利法》第四十六条第二款规定,对专利复审委员会宣告专利权无效或者维持专利权的决定不服的,可以自收到通知之日起3个月内向人民法院起诉。《国家知识产权局行政复议规程》第五条规定了不能申请行政复议的情形,包括:……(三)专利权人或者无效宣告请求人对无效宣告审查决定不服的;……根据上述规定可知,对于专利复审委员会作出的无效宣告审查决定不服的,当事人只能向人民法院提起行政诉讼,而不能向国家知识产权局申请行政复议。并且《最高人民法院关于审理专利纠纷案件适用法律问题的若干规定》第二条第一款规定,专利纠纷第一审案件,由各省、自治区、直辖市人民政府所在地的中级人民法院和最高人民法院指定的中级人民法院管辖。根据上述规定,当事人对于专利复审委员会作出的无效宣告审查决定不服的,只能向北京市知识产权法院提起行政诉讼。故C选项正确、D选项错误。

综上,本题正确答案为:B、C。

71. 申请人李某的发明专利申请因不具备创造性被驳回，李某不服该驳回决定向专利复审委员会提出了复审请求，关于复审合议审查下列哪些说法是正确的？

    A. 如果李某提出复审请求时未修改专利申请文件，专利复审委员会经审查后认为该发明不具备创造性，则可以直接做出维持驳回决定的复审决定

    B. 如果李某提出复审请求时提交的申请文件修改内容超出了原始说明书和权利要求书的记载范围，则专利复审委员会可以依职权对该缺陷进行审查并向李某发出复审通知书

    C. 如果专利复审委员会经审查认定该发明明显是永动机，专利复审委员会最终可以以发明不具备实用性为由维持驳回决定

    D. 如果专利复审委员会经审查认定该发明明显是永动机，专利复审委员会将直接撤销驳回决定，发回原审查部门重新审理

【答案】B C

【知识点】复审请求合议审查中理由和证据的审查　听证原则

【解析】《专利法实施细则》第六十三条规定，专利复审委员会进行复审后，认为复审请求不符合《专利法》和该细则有关规定的，应当通知复审请求人，要求其在指定期限内陈述意见。期满未答复的，该复审请求视为撤回；经陈述意见或者进行修改后，专利复审委员会认为仍不符合《专利法》和该细则有关规定的，应当作出维持原驳回决定的复审决定。《专利审查指南2010》第四部分第一章第2.5节"听证原则"中规定，在作出审查决定之前，应当给予审查决定对其不利的当事人针对审查决定所依据的理由、证据和认定的事实陈述意见的机会，即审查决定对其不利的当事人已经通过通知书、转送文件或者口头审理被告知过审查决定所依据的理由、证据和认定的事实，并且具有陈述意见的机会。根据上述规定，专利复审委员会在复审的合议审查过程中，如拟维持驳回决定，则在作出对复审请求人不利的复审决定前需要先发复审通知书，给予复审请求人进行意见陈述的机会，而不能直接作出维持驳回的复审决定。故A选项错误。

根据《专利法》第三十三条的规定，对发明和实用新型专利申请文件的修改不得超出原说明书和权利要求书记载的范围，是专利申请人在整个专利申请审查过程中，包括复审程序中必须遵守的法律规定。《专利审查指南2010》第四部分第二章第4.2节"修改文本的审查"中也明确规定，在提出复审请求、答复复审通知书（包括复审请求口头审理通知书）或者参加口头审理时，复审请求人可以对申请文件进行修改。但是，所作修改应当符合《专利法》第三十三条和《专利法实施细则》第六十一条第一款的规定。所以在复审程序中，如果复审请求人对申请文件的修改违反了《专利法》第三十三条规定，则合议组应当对缺陷进行审查，并通知复审请求人，故B选项正确。

《专利审查指南2010》第四部分第二章第4.1节"理由和证据的审查"中规定，在复审程序中，合议组一般仅针对驳回决定所依据的理由和证据进行审查。除驳回决定所依据的理由和证据外，合议组发现审查文本中存在下列缺陷的，可以对与之相关的理由及其证据进行审查，并且经审查认定后，应当依据该理由及其证据作出维持驳回决定的审查决定：（1）足以用在驳回决定作出前已告知过申请人的其他理由及其证据予以驳回的缺陷。（2）驳回决定

未指出的明显实质性缺陷或者与驳回决定所指出缺陷性质相同的缺陷。例如,驳回决定指出权利要求1不具备创造性,经审查认定该权利要求请求保护的明显是永动机时,合议组应当以该权利要求不符合《专利法》第二十二条第四款的规定为由作出维持驳回决定的复审决定。根据上述规定,如果请求复审的发明明显是永动机,则专利复审委员会应当依职权对该缺陷进行审查,并且最终以发明不具备实用性为由维持驳回决定。所以,C选项正确、D选项错误。

综上,本题正确答案为:B、C。

72. 陈某拥有一项发明专利申请,其中权利要求1及其从属权利要求2涉及一种转笔刀,权利要求3为另一项产品独立权利要求,涉及一种铅笔。实质审查过程中,审查员指出独立权利要求1和3之间缺乏单一性,陈某在答复时删除了权利要求3。最终该申请因权利要求1不具备创造性被驳回。陈某在提出复审请求时对权利要求书进行了修改。下列哪些修改方式符合相关规定?

A. 根据说明书中的实施例进一步限定权利要求1,即将说明书中记载的某技术特征补入权利要求1

B. 删除权利要求1,将从属权利要求2作为新的权利要求1

C. 将权利要求1-2修改为制作转笔刀方法的权利要求

D. 删除权利要求1-2,将原权利要求3作为新的权利要求1

【答案】A B

【知识点】复审请求的合议审查 修改文本的审查

【解析】《专利法实施细则》第六十一条第一款,请求人在提出复审请求或者在对专利复审委员会的复审通知书作出答复时,可以修改专利申请文件;但是,修改应当仅限于消除驳回决定或者复审通知书指出的缺陷。《专利审查指南2010》第四部分第二章第4.2节"修改文本的审查"中规定,根据《专利法实施细则》第六十一条第一款的规定,复审请求人对申请文件的修改应当仅限于消除驳回决定或者合议组指出的缺陷。下列情形通常不符合上述规定:(1)修改后的权利要求相对于驳回决定针对的权利要求扩大了保护范围。(2)将与驳回决定针对的权利要求所限定的技术方案缺乏单一性的技术方案作为修改后的权利要求。(3)改变权利要求的类型或者增加权利要求。(4)针对驳回决定指出的缺陷未涉及的权利要求或者说明书进行修改。但修改明显文字错误,或者修改与驳回决定所指出缺陷性质相同的缺陷的情形除外。据此,A、B选项所示的修改是为克服发明不具备创造性而采取的进一步缩小保护范围的修改,因此是允许的。而C、D选项的修改明显属于上述规定不符合《专利法实施细则》第六十一条第一款的修改的第(3)种和第(2)种情形,不能被接受。

综上,本题正确答案为:A、B。

73. 甲针对某发明专利提出了无效宣告请求,主张(1)依据产品销售发票A1及产品使用说明书A2证明该专利不具备新颖性,(2)依据对比文件D1和D2的结合证明该专利不具备创造性。专利复审委员会经审查认定：（1）由于请求人未能提供 A1 的原件，其真实性不能被确认，故不能证明该专利不具备新颖性；（2）D1、D2 的结合不能证明该专利不具备创造性，故作出维持专利权有效的审查决定。在满足其它受理条件的情况下，针对该发明专利再次提出的下列无效宣告请求哪些应当予以受理？

  A. 甲以产品销售发票 A1 原件及产品使用说明书 A2 相结合证明该专利不具备新颖性

  B. 乙以对比文件 D1、D2 作为证据证明该专利不具备创造性

  C. 丙以对比文件 D1 和对比文件 D3 相结合证明该专利不具备创造性

  D. 甲以对比文件 D2 和对比文件 D3 相结合证明该专利不具备创造性

【答案】A C D

【知识点】无效宣告程序的一事不再理审查原则

【解析】《专利法实施细则》第六十六条第二款规定，在专利复审委员会就无效宣告请求作出决定之后，又以同样的理由和证据请求无效宣告的，专利复审委员会不予受理。《专利审查指南2010》第四部分第三章第 2.1 节"一事不再理"中规定，对已作出审查决定的无效宣告案件涉及的专利权，以同样的理由和证据再次提出无效宣告请求的，不予受理和审理。如果再次提出的无效宣告请求的理由（简称无效宣告理由）或者证据因时限等原因未被在先的无效宣告请求审查决定所考虑，则该请求不属于上述不予受理和审理的情形。

A 选项所属的情形，其中再次提出的无效宣告请求所依据的一份证据，产品销售发票，在第一次无效宣告请求中因没有原件而未被考虑，故不属于《专利法实施细则》第六十六条及《专利审查指南2010》所规定的"一事不再理"情形，应予受理。C、D 选项所属情形，其中再次提出的无效宣告请求所依据的部分证据 D3 是第一次无效请求中未出现的新证据，故不属于"一事不再理"情形，应予受理。B 选项所属情形，其中再次无效宣告请求所依据的理由和证据均与第一次相同，属于"一事不再理"情形，不应予以受理。

综上，本题正确答案为：A、C、D。

74. 专利权人刘某针对企业甲和乙向法院提起专利侵权民事诉讼，向企业丙发出专利侵权警告律师函。下列说法哪些是正确的？

  A. 企业甲和乙可以共同作为请求人，针对刘某的专利权提出一件无效宣告请求

  B. 企业甲和乙可以委托同一专利代理机构，为甲、乙分别办理无效宣告程序有关事务

  C. 企业丙可以针对刘某的专利权提出无效宣告请求

  D. 企业丁由于未被专利权人刘某提起专利侵权民事诉讼或发出专利侵权警告律师函，故企业丁不能针对刘某的专利权提出无效宣告请求

【答案】B C

【知识点】无效宣告请求的形式审查　请求人资格

【解析】《专利法》第四十五条规定，自国务院专利行政部门公告授予专利权之日起，任何单位或者个人认为该专利权的授予不符合该法有关规定的，可以请求专利复审委员会宣告该专利权无效。根据上述规定，专利权授予后，任何人均可以提出无效宣告请求。所以无论

是被专利权人提起专利侵权民事诉讼的被告甲、乙，还是被发出专利侵权律师警告函的丙，以及既未被提起民事诉讼，也未被发出警告律师函的丁，均可以请求宣告专利权无效。故C选项正确，D选项错误。

《专利审查指南2010》第四部分第三章第3.2节"无效宣告请求人资格"中规定了无效宣告请求不予受理的情形，其中包括："（4）多个请求人共同提出一件无效宣告请求的，但属于所有专利权人针对其共有的专利权提出的除外。"A选项中，企业甲和乙共同作为请求人提出一件无效宣告请求，不符合上述规定，所以A选项错误；此时企业甲和乙应分别提出无效宣告请求，当然在提出无效宣告请求时，企业甲、乙可以委托同一专利代理机构，为甲、乙分别办理无效宣告程序有关事务，所以B选项正确。

综上，本题正确答案为：B、C。

75. 郑某2010年3月1日就同样的发明创造提交了一项实用新型专利申请和一项发明专利申请，并就存在同日申请做了说明，该实用新型专利申请于2010年9月1日获得授权；其发明专利申请于2011年9月1日被公开，并且经过实质审查在郑某于2012年2月1日放弃了上述实用新型专利权后，于2012年6月1日获得授权。2015年3月1日该发明专利因未交纳年费而终止。在满足其他受理条件的情况下，下列哪些无效宣告请求应当予以受理？
    A. 2010年12月2日李某针对上述实用新型专利权提出无效宣告请求
    B. 2011年11月9日李某针对上述发明专利申请提出无效宣告请求
    C. 2013年1月10日陈某针对上述实用新型专利权提出无效宣告请求
    D. 2015年10月8日刘某针对该发明专利权提出无效宣告请求

【答案】ACD
【知识点】无效宣告请求客体
【解析】《专利法》第四十五条规定，自国务院专利行政部门公告授予专利权之日起，任何单位或者个人认为该专利权的授予不符合该法有关规定的，可以请求专利复审委员会宣告该专利权无效。《专利审查指南2010》第四部分第三章第3.1节"无效宣告请求客体"中规定，无效宣告请求的客体应当是已经公告授权的专利，包括已经终止或者放弃（自申请日起放弃的除外）的专利。无效宣告请求不是针对已经公告授权的专利的，不予受理。《专利审查指南2010》第五部分第九章第2.3节"专利权人放弃专利权"中规定，申请人依据《专利法》第九条第一款和《专利法实施细则》第四十一条第四款声明放弃实用新型专利权的，专利局在公告授予发明专利权时对放弃实用新型专利权的声明予以登记和公告。在无效宣告程序中声明放弃实用新型专利权的，专利局及时登记和公告该声明。放弃实用新型专利权声明的生效日为发明专利权的授权公告日，放弃的实用新型专利权自该日起终止。

根据上述规定可知，无效宣告请求只能针对已经公告授权的专利，包括已经放弃或终止的失效专利，但不可以是尚未授权的专利申请。A选项所述无效宣告请求针对的实用新型专利权已被授权公告，并且此时该专利权尚处于有效状态，故应当受理。C选项所述无效宣告请求所针对的实用新型专利权虽然已经被放弃处于失效状态，以及D选项所述无效宣告请求所针对的发明专利权因未交费而视为放弃也处于失效状态，但仍然可以作为无效宣告请求的对象，均应被受理。B选项所述无效宣告请求针对的发明专利申请尚未被公告授权，故能不应被受理。

综上，本题正确答案为：A、C、D。

76. 关于无效宣告程序中的委托手续，下列说法哪些是正确的？
   A．专利权人在专利申请阶段委托的代为办理专利申请以及专利权有效期内全部专利事务的专利代理机构，可以直接代表专利权人在无效宣告程序中办理相关事务，专利权人无需再提交无效宣告程序授权委托书
   B．专利权人与多个专利代理机构同时存在委托关系，且未指定收件人的，则在无效宣告程序中最后接受委托的专利代理机构被视为收件人
   C．请求人委托专利代理机构的，其委托手续应当在专利复审委员会办理
   D．请求人先后委托了多个代理机构，可以指定其最先委托的专利代理机构作为收件人

【答案】CD

【知识点】委托手续

【解析】《专利审查指南2010》第四部分第三章第3.6节"委托手续"中第（1）、（2）、（5）项中规定：(1)……在无效宣告程序中，即使专利权人此前已就其专利委托了在专利权有效期内的全程代理并继续委托该全程代理的机构的，也应当提交无效宣告程序授权委托书。(2)在无效宣告程序中，请求人委托专利代理机构的，或者专利权人委托专利代理机构且委托书中写明其委托权限仅限于办理无效宣告程序有关事务的，其委托手续或者解除、辞去委托的手续应当在专利复审委员会办理，无需办理著录项目变更手续。(5)同一当事人与多个专利代理机构同时存在委托关系的，当事人应当以书面方式指定其中一个专利代理机构作为收件人；未指定的，专利复审委员会将在无效宣告程序中最先委托的专利代理机构视为收件人；……根据上述规定可知，A、B选项错误，C、D选项正确。

综上，本题正确答案为：C、D。

77. 在无效宣告程序中，专利代理人的哪些行为需要当事人的特别授权？
   A．代为修改权利要求书
   B．代为放弃无效宣告请求所依据的部分证据
   C．代为接收口头审理中当庭转送的文件
   D．代为撤回无效宣告请求

【答案】AD

【知识点】无效宣告程序中的代理　特殊授权

【解析】《专利审查指南2010》第四部分第三章第3.6节"委托手续"中第（7）项规定：对于下列事项，代理人需要具有特别授权的委托书：(i)专利权人的代理人代为承认请求人的无效宣告请求；(ii)专利权人的代理人代为修改权利要求书；(iii)代理人代为和解；(iv)请

求人的代理人代为撤回无效宣告请求。由此可见，A、D选项正确，B、C选项错误。

综上，本题正确答案为：A、D。

78. 在无效宣告程序中，实用新型专利权人在答复无效宣告请求受理通知书时对其专利文件进行修改，下列哪些方式是允许的？

  A. 删除原独立权利要求，将并列从属于原独立权利要求的三项从属权利要求修改为三项并列的独立权利要求
  B. 根据请求人提出的现有技术证据，对独立权利要求重新划分前序部分与特征部分
  C. 删除独立权利要求，将从属权利要求作为新的独立权利要求书
  D. 删除独立权利要求，将两项并列从属权利要求合并作为新的独立权利要求书，并对说明书做适应性修改

【答案】A C
【知识点】无效宣告程序中专利文件的修改
【解析】《专利法实施细则》第六十九条第一款规定，在无效宣告请求的审查过程中，发明或者实用新型专利的专利权人可以修改其权利要求书，但是不得扩大原专利的保护范围。《专利审查指南2010》第四部分第三章第4.6.1节"修改原则"中规定，发明或者实用新型专利文件的修改仅限于权利要求书，其原则是：(1) 不得改变原权利要求的主题名称。(2) 与授权的权利要求相比，不得扩大原专利的保护范围。(3) 不得超出原说明书和权利要求书记载的范围。(4) 一般不得增加未包含在授权的权利要求书中的技术特征。《专利审查指南2010》第四部分第三章第4.6.2节"修改方式"中规定，在满足上述修改原则的前提下，修改权利要求书的具体方式一般限于权利要求的删除、合并和技术方案的删除。

A、C选项所列的修改是对权利要求书进行的修改，修改方式为删除权利要求，这样的修改符合《专利审查指南2010》的上述规定。B选项的修改方式不符合《专利审查指南2010》规定的修改方式，不能被接受。D选项所列的修改，虽然对权利要求书的修改方式符合《专利审查指南2010》的规定，但根据《专利法实施细则》第六十九条的规定，无效宣告程序中，专利权人仅能修改权利要求书，不能修改说明书，故选项D的修改不符合《专利法实施细则》及《专利审查指南2010》的规定，不能被接受。

综上，本题正确答案为：A、C。

79. 甲于2011年7月1日提交了一项实用新型专利申请，该申请于2011年11月15日被授予专利权，其授权公告的权利要求书包括独立权利要求1及并列从属权利要求2、3，在无效宣告程序中，专利权人删除了原权利要求1-3，将从属权利要求2、3合并形成修改后的独立权利要求1，专利复审委员会于2013年7月30日作出审查决定：在修改后的权利要求1的基础上维持该专利权有效，且双方均未起诉，下列说法正确的是？

  A. 原权利要求1-3视为自2011年7月1日即不存在
  B. 原权利要求1-3视为自2013年7月30日起不存在

C. 修改后的权利要求1自2011年7月1日起即存在

D. 修改后的权利要求1自2013年7月30日起生效

【答案】AC

【知识点】无效宣告请求审查决定的效力　当事人的处置原则

【解析】《专利审查指南2010》第四部分第三章第2.2节"当事人处置原则"中规定，在无效宣告程序中，专利权人针对请求人提出的无效宣告请求主动缩小专利权保护范围且相应的修改文本已被专利复审委员会接受的，视为专利权人承认大于该保护范围的权利要求自始不符合《专利法》及其实施细则的有关规定，并且承认请求人对该权利要求的无效宣告请求，从而免去请求人对宣告该权利要求无效这一主张的举证责任。根据上述规定，应视为专利权人承认请求人对原权利要求1~3的无效宣告请求。

《专利法》第四十七条第一款规定，宣告无效的专利权视为自始即不存在。《专利审查指南2010》第四部分第三章第5节"无效宣告请求审查决定的类型"中规定，一项专利被宣告部分无效后，被宣告无效的部分应视为自始即不存在。但是被维持的部分（包括修改后的权利要求）也同时应视为自始即存在。根据上述规定可知，A、C选项正确，B、D选项错误。

综上，本题正确答案为：A、C。

80. 下列有关口头审理的说法哪些是正确的？

A. 无效宣告请求人可以以需要当面向合议组说明事实为由，请求进行口头审理

B. 参加口头审理的每方当事人及其代理人的数量不得超过三人

C. 当事人请求审案人员回避的，合议组组长可以宣布中止口头审理

D. 若请求人未出席口头审理，则其无效宣告请求视为撤回，该案件的审理结束

【答案】AC

【知识点】口头审理

【解析】《专利审查指南2010》第四部分第四章第2节"口头审理的确定"中规定，无效宣告程序的当事人可以依据下列理由请求进行口头审理：(1)当事人一方要求同对方当面质证和辩论。(2)需要当面向合议组说明事实。(3)需要实物演示。(4)需要请出具过证言的证人出庭作证。故A选项正确。

《专利审查指南2010》第四部分第四章第3节"口头审理的通知"中规定，参加口头审理的每方当事人及其代理人的数量不得超过四人。故B选项错误。

《专利审查指南2010》第四部分第四章第6节"口头审理的中止"中规定了合议组组长可以宣布中止口头审理的情形，其中包括："(1)当事人请求审案人员回避的。"故C选项正确。

《专利法实施细则》第七十条第三款规定，无效宣告请求人对专利复审委员会发出的口头审理通知书在指定的期限内未作答复，并且不参加口头审理的，其无效宣告请求视为撤回；专利权人不参加口头审理的，可以缺席审理。根据该规定，请求人未在规定的期限内答复口头审理通知书，且未出席口头审理的，其无效宣告请求才被视为撤回。此外，《专利法实施细则》第七十二条第二款规定，专利复审委员会作出决定之前，无效宣告请求人撤回其

请求或者其无效宣告请求被视为撤回的，无效宣告请求审查程序终止。但是，专利复审委员会认为根据已进行的审查工作能够作出宣告专利权无效或者部分无效的决定的，不终止审查程序。根据该规定，即使无效宣告请求被视为撤回，但是如果专利复审委员会认为根据已进行的审查工作能够作出宣告专利权无效或者部分无效的决定，则不终止该无效宣告请求的审查程序。故D选项错误。

综上，本题正确答案为：A、C。

81. 甲对乙的实用新型专利权提出无效宣告请求，甲提供的证据仅为证人张某在公证人员面前作出书面证言的公证书原件，内容为张某在涉案专利申请日前购买了与涉案专利相同的空调。在口头审理中张某未出庭作证，专利复审委员会当庭调查发现张某不属于确有困难不能出席口头审理作证的情形。下列说法正确的是？

  A. 甲提供了该公证书原件，在没有其他证据推翻的情况下，一般应当认定该公证书的真实性
  B. 该公证书是由公证人员作出，因此该公证书能证明张某在涉案专利申请日前确实购买过空调
  C. 该公证书是由公证人员作出，因此该公证书能证明张某在涉案专利申请日前确实购买了与涉案专利相同的空调
  D. 张某未出席口头审理进行作证，其书面证言不能单独作为认定案件事实的依据

【答案】A D
【知识点】证据认定　证人证言　公证文书
【解析】《专利审查指南2010》第四部分第八章第4.2节"证据的核实"中规定，合议组应当根据案件的具体情况，从以下方面审查证据的真实性：（1）证据是否为原件、原物，复印件、复制品与原件、原物是否相符；（2）提供证据的人与当事人是否有利害关系；（3）发现证据时的客观环境；（4）证据形成的原因和方式；（5）证据的内容；（6）影响证据真实性的其他因素。在甲提供了公证书证据的原件的情况下，如果没有相反的证据推翻，则应该认定该公证书的真实性，故A选项正确。

然而对于公证书真实性的认可，并不等于对公证书中证人证言所述事实的认可。《专利审查指南2010》第四部分第八章第4.3.1节"证人证言"中规定，专利复审委员会认定证人证言，可以通过对证人与案件的利害关系以及证人的智力状况、品德、知识、经验、法律意识和专业技能等的综合分析作出判断。证人应当出席口头审理作证，接受质询。未能出席口头审理作证的证人所出具的书面证言不能单独作为认定案件事实的依据，但证人确有困难不能出席口头审理作证的除外。证人确有困难不能出席口头审理作证的，专利复审委员会根据前款的规定对其书面证言进行认定。根据上述规定可知，由于证人证言并不是原始客观证据，是证人在事后经过回忆、主观判断、思考后作出的陈述，所以对于证人证言所陈述的内容的真实性需要结合在口头审理中双方当事人以及合议组对证人的质询情况，可以通过对证人与案件的利害关系以及证人的智力状况、品德、知识、经验、法律意识和专业技能等的综

合分析作出判断；如果证人未能出席口头审理，对其证人证言的质证无法进行，则其出具的书面证言不能单独作为认定案件事实的依据，所以B、C选项错误，D选项正确。

综上，本题正确答案为：A、D。

82. 下列关于专利实施许可的说法哪些是正确的？

　　A. 专利实施许可合同应当自合同生效之日起三个月内向国家知识产权局申请办理备案手续

　　B. 专利实施许可合同的被许可人可以不经专利权人同意在产品的包装上标注专利标记

　　C. 独占实施许可合同的被许可人可以单独向人民法院提出诉前责令被申请人停止侵犯专利权行为的申请

　　D. 普通实施许可合同的被许可人在专利权人不请求的情况下，可以单独请求管理专利工作的部门处理专利侵权纠纷

【答案】A C

【知识点】专利实施许可　被许可人的权利

【解析】《专利法实施细则》第十四条第二款规定，专利权人与他人订立的专利实施许可合同，应当自合同生效之日起3个月内向国务院专利行政部门备案。故A选项正确。

《专利标识标注办法》第四条规定，在授予专利权之后的专利权有效期内，专利权人或者经专利权人同意享有专利标识标注权的被许可人可以在其专利产品、依照专利方法直接获得的产品、该产品的包装或者该产品的说明书等材料上标注专利标识。由此可见，专利权人以外的其他人标注专利标识的，需要经专利权人同意，故B选项错误。

《最高人民法院关于对诉前停止侵犯专利权行为适用法律问题的若干规定》第一条规定，根据《专利法》第六十一条的规定，专利权人或者利害关系人可以向人民法院提出诉前责令被申请人停止侵犯专利权行为的申请。提出申请的利害关系人，包括专利实施许可合同的被许可人、专利财产权利的合法继承人等。专利实施许可合同被许可人中，独占实施许可合同的被许可人可以单独向人民法院提出申请；排他实施许可合同的被许可人在专利权人不申请的情况下，可以提出申请。故C选项正确。

《专利行政执法办法》第十条规定，请求管理专利工作的部门处理专利侵权纠纷的，应当符合下列条件：（一）请求人是专利权人或者利害关系人；（二）有明确的被请求人；（三）有明确的请求事项和具体事实、理由；（四）属于受案管理专利工作的部门的受案和管辖范围；（五）当事人没有就该专利侵权纠纷向人民法院起诉。第（一）项所称利害关系人包括专利实施许可合同的被许可人、专利权人的合法继承人。专利实施许可合同的被许可人中，独占实施许可合同的被许可人可以单独提出请求；排他实施许可合同的被许可人在专利权人不请求的情况下，可以单独提出请求；除合同另有约定外，普通实施许可合同的被许可人不能单独提出请求。故D选项错误。

综上，本题正确答案为：A、C。

83. 中国内地的甲公司将其在中国境内完成的一项发明创造向国家知识产权局提出发明专利申请并获得授权，现甲公司拟将该发明专利权转让给美国乙公司，下列说法哪些是正确的？

　　A. 甲公司在转让前应当事先获得当地管理专利工作的部门审核批准
　　B. 甲公司与乙公司应当订立书面转让合同
　　C. 办理转让手续时应当出具《技术出口许可证》或《自由出口技术合同登记证书》
　　D. 该专利权的转让自合同签订之日起生效

【答案】B C

【知识点】专利权的转让　向外国人转让专利权的特殊要求

【解析】《专利法》第十条规定，专利申请权和专利权可以转让。中国单位或者个人向外国人、外国企业或者外国其他组织转让专利申请权或者专利权的，应当依照有关法律、行政法规的规定办理手续。转让专利申请权或者专利权的，当事人应当订立书面合同，并向国务院专利行政部门登记，由国务院专利行政部门予以公告。专利申请权或者专利权的转让自登记之日起生效。《专利审查指南2010》第一部分第一章第6.7.2.2节"规定专利申请权（或专利权）转移"中规定：对于发明或者实用新型专利申请（或专利），转让方是中国内地的个人或者单位，受让方是外国人、外国企业或者外国其他组织的，应当出具国务院商务主管部门颁发的《技术出口许可证》或者《自由出口技术合同登记证书》，或者地方商务主管部门颁发的《自由出口技术合同登记证书》，以及双方签字或者盖章的转让合同。

　　根据上述规定可知，中国企业向外国企业转让专利权的，应订立书面合同，并向国务院专利行政部门登记；办理转让登记手续时，除出具书面转让合同外，还应当出具《技术出口许可证》或《自由出口技术合同登记证书》；专利权的转让自登记日起生效。故B、C选项正确，A、D选项错误。

　　综上，本题正确答案为：B、C。

84. 甲公司和乙公司共同拥有一项实用新型专利权，其未对权利的行使进行约定，现甲公司欲以该专利权进行质押融资。下列说法哪些是正确的？

　　A. 该专利权的质押须取得乙公司的同意
　　B. 申请专利权质押登记时，应当向国家知识产权局提交该专利权的评价报告
　　C. 在该专利权的质押期间内可以对该专利权再次进行质押
　　D. 在该专利权的质押期间内转让该专利权的，须取得质权人的同意

【答案】A D

【知识点】专利权质押　共有专利权的行使

【解析】《专利法》第十五条规定，专利申请权或者专利权的共有人对权利的行使有约定的，从其约定。没有约定的，共有人可以单独实施或者以普通许可方式许可他人实施该专利；许可他人实施该专利的，收取的使用费应当在共有人之间分配。除前款规定的情形外，行使共有的专利申请权或者专利权应当取得全体共有人的同意。由此可知，甲公司如将该实用新型专利权质押，则必须经共有权利人乙公司同意，故A选项正确。

《专利权质押登记办法》第七条第一款规定，申请专利权质押登记的，当事人应当向国家知识产权局提交下列文件：（一）出质人和质权人共同签字或者盖章的专利权质押登记申请表；（二）专利权质押合同；（三）双方当事人的身份证明；（四）委托代理的，注明委托权限的委托书；（五）其他需要提供的材料。由此可知，在办理质押登记手续时，无需提交专利权评价报告，故 B 选项错误。

根据《专利权质押登记办法》第十二条第二款第（十一）项的规定，在申请专利权质押登记时，专利权已被申请质押登记且处于质押期间的，国家知识产权局将作出不予登记的决定。由此可知，对于处在质押期间的专利权不能再次进行质押，故 C 选项错误。

《专利权质押登记办法》第十六条第一款规定，专利权质押期间，出质人未提交质权人同意转让或者许可实施该专利权的证明材料的，国家知识产权局不予办理专利权转让登记手续或者专利实施合同备案手续。由此可知，出质人在专利权质押期间转让该专利权的，须取得质权人的同意，故 D 选项正确。

综上，本题正确答案为：A、D。

85. 甲于 2010 年 12 月 11 日向国家知识产权局就同样的发明创造同时提交了发明和实用新型专利申请，且根据专利法实施细则第 41 条进行了说明；实用新型专利申请于 2011 年 6 月 15 日被公告授权；为避免重复授权，甲于 2012 年 10 月 15 日提交了放弃实用新型专利权的声明，国家知识产权局于 2013 年 2 月 15 日针对发明专利申请发出授权通知书并同意甲放弃实用新型专利权，发明专利申请于 2013 年 4 月 15 日被公告授权。下列说法哪些是正确的？

A. 实用新型专利权自 2011 年 6 月 15 日生效，于 2013 年 2 月 15 日终止
B. 实用新型专利权自 2011 年 6 月 15 日生效，于 2013 年 4 月 15 日终止
C. 发明专利权自 2013 年 4 月 15 日生效，实用新型专利权视为自申请日 2010 年 12 月 11 日起即不存在
D. 发明专利权自 2013 年 4 月 15 日生效，实用新型专利权自该日起终止

【答案】B D

【知识点】专利权的生效日　专利的保护期限　专利权的放弃

【解析】《专利法》第三十九条规定，发明专利申请经实质审查没有发现驳回理由的，由国务院专利行政部门作出授予发明专利权的决定，发给发明专利证书，同时予以登记和公告。发明专利权自公告之日起生效。《专利法》第四十条规定，实用新型和外观设计专利申请经初步审查没有发现驳回理由的，由国务院专利行政部门作出授予实用新型专利权或者外观设计专利权的决定，发给相应的专利证书，同时予以登记和公告。实用新型专利权和外观设计专利权自公告之日起生效。《专利法》第四十二条规定，发明专利权的期限为 20 年，实用新型专利权和外观设计专利权的期限为 10 年，均自申请日起计算。

《专利法实施细则》第四十一条第二款及第五款规定，同一申请人在同日（指申请日）对同样的发明创造既申请实用新型专利又申请发明专利的，应当在申请时分别说明对同样的发明创造已申请了另一专利；未作说明的，依照《专利法》第九条第一款关于同样的发明创

造只能授予一项专利权的规定处理。实用新型专利权自公告授予发明专利权之日起终止。

《专利审查指南2010》第五部分第九章第2.3节"专利权人放弃专利权"中规定：申请人依据《专利法》第九条第一款和《专利法实施细则》第四十一条第四款声明放弃实用新型专利权的，专利局在公告授予发明专利权时对放弃实用新型专利权的声明予以登记和公告。在无效宣告程序中声明放弃实用新型专利权的，专利局及时登记和公告该声明。放弃实用新型专利权声明的生效日为发明专利权的授权公告日，放弃的实用新型专利权自该日起终止。

根据上述规定，专利权的保护期限自申请日计算；专利权自授权公告日生效。申请人依据《专利法》第九条第一款和《专利法实施细则》第四十一条第四款声明放弃实用新型专利权的声明自发明专利权的授权公告日生效，即放弃的实用新型专利权自该日起终止。

综上，本题正确答案为：B、D。

86. 甲公司拥有一项推荐性行业标准中明示的必要专利技术，乙公司未经甲公司同意，在其制造的产品中使用了该项专利技术，以下说法正确的是？

　　A. 由于该专利已被列入推荐性行业标准，因此乙公司使用该项技术无需支付许可费
　　B. 虽然该专利已被列入推荐性行业标准，但是乙公司使用该项技术应当支付许可费
　　C. 由于该专利已被列入推荐性行业标准，因此乙公司使用该项技术不侵犯甲公司专利权
　　D. 虽然该专利已被列入推荐性行业标准，但乙公司未经同意使用该技术仍然属于侵权行为

【答案】BD
【知识点】推荐性标准中的必要专利　许可他人实施专利的权利
【解析】《最高人民法院关于审理侵犯专利权纠纷案件应用法律若干问题的解释（二）》第二十四条第一款规定，推荐性国家、行业或者地方标准明示所涉必要专利的信息，被诉侵权人以实施该标准无需专利权人许可为由抗辩不侵犯该专利权的，人民法院一般不予支持。根据上述规定可知，使用推荐性行业标准中明示的专利技术仍然需要付费，未经专利权人许可实施推荐性标准中的专利技术仍属于侵权行为，故A、C选项错误，B、D选项正确。

综上，本题正确答案为：B、D。

87. 甲就研磨机获得了一项实用新型专利权，其授权公告的独立权利要求1包括a、b、c、d四个技术特征，以下哪些产品落入该实用新型专利权的保护范围？

　　A. 乙制造的研磨机，包括a、b、c、e四个技术特征，其中特征e为记载在甲的授权专利说明书中的特征，并与d不相同也不等同
　　B. 丙制造的研磨机，包括a、b、c、d'四个技术特征，其中特征d'与甲授权专利中的特征d等同
　　C. 丁制造的研磨机，包括a、b、c、d、e五个技术特征，其中特征e为记载在甲的授权专利说明书中的特征
　　D. 戊制造的研磨机，仅包括a、b、c三个技术特征

【答案】B C

【知识点】专利侵权的判定原则

【解析】《专利法》第五十九条第一款规定，发明或者实用新型专利权的保护范围以其权利要求的内容为准，说明书及附图可以用于解释权利要求的内容。《最高人民法院关于审理侵犯专利权纠纷案件应用法律若干问题的解释》第七条规定，人民法院判定被诉侵权技术方案是否落入专利权的保护范围，应当审查权利人主张的权利要求所记载的全部技术特征。被诉侵权技术方案包含与权利要求记载的全部技术特征相同或者等同的技术特征的，人民法院应当认定其落入专利权的保护范围；被诉侵权技术方案的技术特征与权利要求记载的全部技术特征相比，缺少权利要求记载的一个以上的技术特征，或者有一个以上技术特征不相同也不等同的，人民法院应当认定其没有落入专利权的保护范围。

本题中，A、D选项的产品缺少授权专利权利要求中的技术特征d，故未落入该专利权的保护范围；B、C选项的产品包含了授权专利权利要求记载的全部技术特征相同或者等同的技术特征，故落入了专利权的保护范围。

综上，本题正确答案为：B、C。

88. 甲有一项名称为"茶具"的外观设计专利，其包括茶壶和茶杯两件产品；乙在某网购平台上销售茶壶，其销售的茶壶与甲的外观设计专利中的茶壶属于相同的设计，丙从该网购平台购买了乙销售的茶壶供自己使用。以下说法哪些是正确的？

A. 乙销售的茶壶落入甲的专利权保护范围

B. 乙销售的茶壶未落入甲的专利权保护范围

C. 丙购买并使用该茶壶侵犯了甲的专利权

D. 丙购买并使用该茶壶不侵犯甲的专利权

【答案】A D

【知识点】成套产品的外观设计专利侵权判定　外观设计专利权人的权利

【解析】《专利法》第十一条第二款规定，外观设计专利权被授予后，任何单位或者个人未经专利权人许可，都不得实施其专利，即不得为生产经营目的制造、许诺销售、销售、进口其外观设计专利产品。根据上述规定，购买并使用外观设计专利的产品不构成侵犯外观设计专利权，故C选项错误、D选项正确。

《最高人民法院关于审理侵犯专利权纠纷案件应用法律若干问题的解释（二）》第十五条规定，对于成套产品的外观设计专利，被诉侵权设计与其一项外观设计相同或者近似的，人民法院应当认定被诉侵权设计落入专利权的保护范围。本题中"茶具"外观设计专利是由茶杯、茶壶二项外观设计构成的成套产品，与其中一项外观设计相同即落入该成套产品外观设计专利的保护范围。故A选项正确、B选项错误。

综上，本题正确答案为：A、D。

89. 某沙发床的外观设计专利，其授权图片所示该沙发具有沙发和床两个变化状态，下列说法哪些是正确的？

A. 被诉侵权产品为沙发，不能变化为床，该沙发与授权专利中沙发使用状态下的外观设计相同，则落入该外观设计专利权的保护范围

B. 被诉侵权产品为沙发，不能变化为床，尽管该沙发与授权专利中沙发使用状态下的外观设计相同，也不会落入该外观设计专利权的保护范围

C. 被诉侵权产品为沙发床，有三个变化状态，且其中两个变化状态分别与授权专利对应的两个变化状态外观设计近似，尽管其第三个变化状态与授权专利任一状态下的外观设计均不近似，其仍然落入该外观设计专利权的保护范围

D. 被诉侵权产品为沙发床，有三个变化状态，且其中两个变化状态分别与授权专利对应的两个变化状态外观设计近似，第三个变化状态与授权专利任一状态下的外观设计均不近似，则不会落入该外观设计专利权的保护范围

【答案】BC

【知识点】变化状态外观设计专利权的保护范围

【解析】《最高人民法院关于审理侵犯专利权纠纷案件应用法律若干问题的解释（二）》第十七条规定，对于变化状态产品的外观设计专利，被诉侵权设计与变化状态图所示各种使用状态下的外观设计均相同或者近似的，人民法院应当认定被诉侵权设计落入专利权的保护范围；被诉侵权设计缺少其中一种使用状态下的外观设计或者与之不相同也不近似的，人民法院应当认定被诉侵权设计未落入专利权的保护范围。根据该规定，故B、C选项正确、A、D选项错误。

综上，本题正确答案为：B、C。

90. 北京市的甲公司拥有一项发明专利权，深圳市的乙公司未经甲公司的许可，制造了该专利产品，并在上海市进行公开销售，以下说法正确的是？

A. 甲公司可以请求北京市知识产权局进行处理
B. 甲公司可以请求深圳市知识产权局进行处理
C. 甲公司可以请求上海市知识产权局进行处理
D. 甲公司可以请求国家知识产权局进行处理

【答案】BC

【知识点】专利权人的权利　管理专利工作部门的地域管辖

【解析】《专利法实施细则》第八十一条第一款规定，当事人请求处理专利侵权纠纷或者调解专利纠纷的，由被请求人所在地或者侵权行为地的管理专利工作的部门管辖。B、C选项中为被请求人所在地、侵权行为地的地方知识产权局，根据上述规定有权管辖。而A选项的请求人所在地知识产权局以及D选项的国家知识产权局不具有管辖权。

综上，本题正确答案为：B、C。

91. 甲公司发现乙公司未经其许可，制造销售了甲公司拥有实用新型专利权的某产品，向法

院提起侵权诉讼；乙公司在被诉后向专利复审委员会提起针对甲公司上述专利权的无效宣告请求；专利复审委员会经过审理，作出宣告甲公司上述实用新型专利权全部无效的审查决定；甲公司不服该决定，向法院提起行政诉讼要求撤销该审查决定。下列说法哪些是正确的？

    A．甲公司提起侵权诉讼时，法院可以要求其提交专利权评价报告

    B．甲公司在侵权起诉前可以请求当地管理专利工作的部门采取证据保全措施

    C．根据专利复审委员会作出的无效宣告审查决定，法院可以裁定驳回甲公司的侵权起诉，无需等待针对上述审查决定的行政诉讼结果

    D．甲公司提起行政诉讼后，乙公司作为第三人参加诉讼

【答案】ＡＣＤ

【知识点】专利侵权行为的诉前措施　专利管理局的职能　侵权纠纷的审理（是否中止）

【解释】《专利法》第六十一条第二款规定，专利侵权纠纷涉及实用新型专利或者外观设计专利的，人民法院或者管理专利工作的部门可以要求专利权人或者利害关系人出具由国务院专利行政部门对相关实用新型或者外观设计进行检索、分析和评价后作出的专利权评价报告，作为审理、处理专利侵权纠纷的证据。所以 A 选项正确。

《专利法》第六十七条第一款规定，为了制止专利侵权行为，在证据可能灭失或者以后难以取得的情况下，专利权人或者利害关系人可以在起诉前向人民法院申请保全证据。根据该规定，当事人的采取证据保全措施请求应当向法院提出，并且根据《专利法》及其实施细则、《专利行政执法办法》相关规定可知，地方管理专利工作的部门不受理采取证据保全措施的请求，故 B 选项错误。

《最高人民法院关于审理侵犯专利权纠纷案件应用法律若干问题的解释（二）》第二条规定，权利人在专利侵权诉讼中主张的权利要求被专利复审委员会宣告无效的，审理侵犯专利权纠纷案件的人民法院可以裁定驳回权利人基于该无效权利要求的起诉。根据上述规定，C 选项正确。

《专利法》第四十六条第二款规定，对专利复审委员会宣告专利权无效或者维持专利权的决定不服的，可以自收到通知之日起 3 个月内向人民法院起诉。人民法院应当通知无效宣告请求程序的对方当事人作为第三人参加诉讼。根据上述规定，甲公司不服专利复审委员会作出的无效宣告请求审查决定提起行政诉讼后，乙公司应作为第三人参加诉讼，故 D 选项正确。

综上，本题正确答案为：A、C、D。

92．甲将自己拥有专利保护的一款运动鞋委托乙代工生产，后发现乙未经其许可，自行生产该款运动鞋并对外销售，甲向法院起诉并请求获得赔偿。以下可以作为侵权赔偿数额计算依据的是？

    A．甲因研发该专利技术所投入的合理成本

    B．乙因侵权所获得的利益

    C．该专利权的市场评估价值

D. 甲乙双方签订的委托加工合同中约定的专利侵权赔偿条款

【答案】BD

【知识点】侵权赔偿数额的计算方式

【解析】《专利法》第六十五条规定，侵犯专利权的赔偿数额按照权利人因被侵权所受到的实际损失确定；实际损失难以确定的，可以按照侵权人因侵权所获得的利益确定。权利人的损失或者侵权人获得的利益难以确定的，参照该专利许可使用费的倍数合理确定。赔偿数额还应当包括权利人为制止侵权行为所支付的合理开支。权利人的损失、侵权人获得的利益和专利许可使用费均难以确定的，人民法院可以根据专利权的类型、侵权行为的性质和情节等因素，确定给予1万元以上100万元以下的赔偿。

依据上述规定，确定侵犯专利权赔偿数额的依据包括B选项所属侵权人因侵权所获得的利益，故B选项正确。而A、C选项所列研发该专利技术所投入的合理成本、该专利权的市场评估价值，虽然在有些情况下与"专利许可使用费"等有关，但是根据《专利法》第六十五的规定，其并不是确定赔偿数额的直接依据，故A、C选项错误。

《最高人民法院关于审理侵犯专利权纠纷案件应用法律若干问题的解释（二）》第二十八条规定，权利人、侵权人依法预定专利侵权的赔偿数额或者赔偿计算方法，并在专利侵权诉讼中主张依据该约定确定赔偿数额的，人民法院应予支持。故D选项正确。

综上，本题正确答案为：B、D。

93. 甲拥有一项机床的发明专利权，乙未经甲的许可制造了该机床，用于为自己的客户加工零部件，同时将部分机床对外销售；丙不知道该机床为侵权产品，以合理价格购买了该机床用于企业的生产，以下说法哪些是正确的？

A. 乙制造该机床供自己使用的行为不侵犯甲的专利权
B. 丙使用该机床侵犯了甲的专利权
C. 丙能证明其采购机床的合法来源，无需承担赔偿责任
D. 法院根据甲的请求，应当判令乙、丙立即停止使用该机床

【答案】BC

【知识点】专利权人的权利 侵权行为 不承担赔偿责任的情况

【解析】《专利法》第十一条规定，发明和实用新型专利权被授予后，除该法另有规定的以外，任何单位或者个人未经专利权人许可，都不得实施其专利，即不得为生产经营目的制造、使用、许诺销售、销售、进口其专利产品，或者使用其专利方法以及使用、许诺销售、销售、进口依照该专利方法直接获得的产品。根据上述规定，乙的制造、使用行为是以经营为目的，构成侵权，故A选项错误。丙的使用行为是以经营为目的，构成侵权，B选项正确。

《专利法》第七十条规定，为生产经营目的使用、许诺销售或者销售不知道是未经专利权人许可而制造并售出的专利侵权产品，能证明该产品合法来源的，不承担赔偿责任。据此，由于丙不知道该机床为侵权产品，并以合理价格购买了该机床用，即能证明机床的合理

来源，依据《专利法》第七十条的规定，不承担赔偿责任。C 选项正确。

《最高人民法院关于审理侵犯专利权纠纷案件应用法律若干问题的解释（二）》第二十五条规定，为生产经营目的的使用、许诺销售或者销售不知道是未经专利权人许可而制造并售出的专利侵权产品，且举证证明该产品合法来源的，对于权利人请求停止上述使用、许诺销售、销售行为的主张，人民法院应予支持，但被诉侵权产品的使用者举证证明其已支付该产品的合理对价的除外。本题中，丙不知道该机床为侵权产品，以合理价格购买了该机床用于企业的生产，即丙为被诉侵权产品的使用者，且已支付该产品的合理对价，属于司法解释中的除外情形。故 D 选项错误。

综上，本题正确答案为：B、C。

94. 甲拥有一项 X 产品实用新型专利权，其向法院起诉乙制造的产品侵犯自己的专利权，以下哪些可以作为乙不侵权抗辩的理由？

    A. 乙用于制造 X 产品的设备是以合理价格从他人手中购买的
    B. 乙在甲申请专利之前自行完成了研发并开始制造 X 产品
    C. 乙就其所制造的产品拥有自己的专利权
    D. 乙有证据表明其生产的 X 产品属于现有技术

【答案】B D

【知识点】专利侵权的判定　不视为侵犯专利权的行为

【解析】根据《专利法》第十一条的规定，未经专利权人许可，为生产经营目的制造其专利产品的即构成侵犯该专利权。乙制造 X 产品的行为是以经营为目的，且未经专利权人许可，故构成侵权，与乙所使用的设备是否通过合法渠道、以合理价格购买无关，故 A 选项错误。

《专利法》第六十九条规定了不视为侵犯专利权的几种情形，其中包括："（二）在专利申请日前已经制造相同产品、使用相同方法或者已经作好制造、使用的必要准备，并且仅在原有范围内继续制造、使用的。"故 B 选项正确。

《最高人民法院关于审理侵犯专利权纠纷案件应用法律若干问题的解释（二）》第二十三条规定，被诉侵权技术方案或者外观设计落入在先的涉案专利保护范围，被诉侵权人以其技术方案或者外观设计被授予专利权为由抗辩不侵犯涉案专利权的，人民法院不予支持。故 C 选项错误。

《专利法》第六十二条规定，在专利侵权纠纷中，被控侵权人有证据证明其实施的技术或者设计属于现有技术或者现有设计的，不构成侵犯专利权。故 D 选项正确。

综上，本题正确答案为：B、D。

95. 甲公司拥有一项产品发明专利权，乙公司未经甲公司许可制造了该专利产品，并在产品上标注了甲公司的专利号；丙公司从乙公司处采购该产品并对外销售。下列哪些说法是正确的？

    A. 乙公司和丙公司的行为构成了假冒专利行为

B. 乙公司和丙公司的行为构成了专利侵权行为

C. 管理专利工作的部门查封、扣押乙公司和丙公司产品的，应当经人民法院批准

D. 丙公司若能证明其不知道所销售产品为侵权产品，并且是通过合法途径、以合理价格采购了该产品，则不承担赔偿责任，但应停止销售

【答案】A B D

【知识点】假冒专利的查处　假冒专利行为的法律责任

【解析】《专利法实施细则》第八十四条规定了属于《专利法》第六十三条规定的假冒专利的行为的几种情况，其中包括："（一）在未被授予专利权的产品或者其包装上标注专利标识，专利权被宣告无效后或者终止后继续在产品或者其包装上标注专利标识，或者未经许可在产品或者产品包装上标注他人的专利号；（二）销售第（一）项所述产品。"根据上述规定可知，乙公司未经专利权人甲公司许可在产品上标注甲公司的专利号的行为、丙公司对外销售该产品的行为构成了假冒专利行为，故 A 选项正确。

根据《专利法》第十一条的规定，发明专利权被授予后，任何单位或者个人未经专利权人许可，都不得为生产经营目的制造、使用、许诺销售、销售、进口其专利产品。根据上述规定，乙公司未经专利权人甲公司许可制造其专利产品、丙公司从乙公司处采购该产品并对外销售的行为侵犯了甲的发明专利权，故 B 选项正确。

《专利法》第六十四条第一款规定，管理专利工作的部门根据已经取得的证据，对涉嫌假冒专利行为进行查处时，可以询问有关当事人，调查与涉嫌违法行为有关的情况；对当事人涉嫌违法行为的场所实施现场检查；查阅、复制与涉嫌违法行为有关的合同、发票、账簿以及其他有关资料；检查与涉嫌违法行为有关的产品，对有证据证明是假冒专利的产品，可以查封或者扣押。《专利行政执法办法》第三十条第一款规定，管理专利工作的部门查封、扣押涉嫌假冒专利产品的，应当经其负责人批准。根据上述规定，管理专利工作的部门查封、扣押乙公司和丙公司的假冒专利的产品时，应当经其负责人批准，而不必经人民法院批准，故 C 选项错误。

《专利法实施细则》第八十四条第三款规定，销售不知道是假冒专利的产品，并且能够证明该产品合法来源的，由管理专利工作的部门责令停止销售，但免除罚款的处罚。根据该规定，D 选项正确。

综上，本题正确答案为：A、B、D。

96. 甲在乙的发明专利基础上开发了一项具有显著经济意义并有着重大技术进步的技术方案，就该技术方案甲申请了发明专利并获得授权，甲实施其发明专利时有赖于乙的发明专利的实施。下列说法哪些是正确的？

A. 甲可以向国务院专利行政部门申请强制许可，说明理由并附具有关证明文件

B. 如果甲与乙就强制许可使用费不能达成协议，可以请求国务院专利行政部门裁决

C. 甲或乙对强制许可使用费的行政裁决不服的，可以提起行政复议

D. 如果甲获得了实施乙专利的强制许可，则乙自动获得实施甲专利的强制许可

【答案】A B

【知识点】专利实施的强制许可

【解析】《专利法》第五十一条规定，一项取得专利权的发明或者实用新型比前已经取得专利权的发明或者实用新型具有显著经济意义的重大技术进步，其实施又有赖于前一发明或者实用新型的实施的，国务院专利行政部门根据后一专利权人的申请，可以给予实施前一发明或者实用新型的强制许可。在依照前款规定给予实施强制许可的情形下，国务院专利行政部门根据前一专利权人的申请，也可以给予实施后一发明或者实用新型的强制许可。《专利法》第五十四条规定，依照该法第四十八条第（一）项、第五十一条规定申请强制许可的单位或者个人应当提供证据，证明其以合理的条件请求专利权人许可其实施专利，但未能在合理的时间内获得许可。根据上述规定可知，甲可以向国务院专利行政部门申请强制许可，说明理由并附具有关证明文件，故 A 选择正确。此外根据上述规定，后一专利的专利权人获得前一专利的强制许可，并不必然使得在先专利的专利权人获得后一专利的强制许可，而是需要向国务院专利行政部门提出申请、等待批准后才能获得强制许可，故 D 选项错误。

《专利法》第五十七条规定，取得实施强制许可的单位或者个人应当付给专利权人合理的使用费，或者依照中华人民共和国参加的有关国际条约的规定处理使用费问题。付给使用费的，其数额由双方协商；双方不能达成协议的，由国务院专利行政部门裁决。故 B 选项正确。

《专利法》第五十八条规定，专利权人对国务院专利行政部门关于实施强制许可的决定不服的，专利权人和取得实施强制许可的单位或者个人对国务院专利行政部门关于实施强制许可的使用费的裁决不服的，可以自收到通知之日起 3 个月内向人民法院起诉。《国家知识产权局行政复议规程》第五条规定的不能申请行政复议的情形中包括："（四）专利权人或者专利实施强制许可的被许可人对强制许可使用费的裁决不服的。"根据上述规定可知，甲或乙对强制许可使用费的行政裁决不服的，应该向人民法院提起行政诉讼，而不能向国家知识产权局申请行政复议，故 C 选项错误。

综上，本题正确答案为：A、B。

97. 美籍华人张某长期居住在上海，就其在上海工作期间完成的发明创造提交 PCT 国际申请，下列说法哪些是正确的？

  A. 张某可以直接向美国专利商标局提交国际申请

  B. 张某可以直接向国家知识产权局提交国际申请

  C. 张某可以直接向国际局提交国际申请

  D. 该国际申请进入中国国家阶段时，申请人可以要求发明或实用新型专利保护

【答案】B D

【知识点】PCT 申请受理局的确定　保密审查　PCT 申请的保护类型

【解析】《专利合作条约实施细则》第 19.1 条（a）规定，除（b）另有规定外，国际申请应按照申请人的选择，(i) 向申请人是其居民的缔约国的或者代表该国的国家局提出；或 (ii) 向申请人是其国民的缔约国的或者代表该国的国家局提出；(iii) 向国际局提出，而与

申请人是其居民或者国民的缔约国无关。

《专利法》第二十条第一款和第二款规定，任何单位或者个人将在中国完成的发明或者实用新型向外国申请专利的，应当事先报经国务院专利行政部门进行保密审查。保密审查的程序、期限等按照国务院的规定执行。中国单位或者个人可以根据中华人民共和国参加的有关国际条约提出专利国际申请。申请人提出专利国际申请的，应当遵守前款规定。《专利法实施细则》第八条第三款规定，向国务院专利行政部门提交专利国际申请的，视为同时提出了保密审查请求。

根据上述规定，张某若要就其在中国完成的发明提出专利国际申请，可以有三种选择：一是依据其居住地所属国，向中国国家知识产权局提出，并且根据《专利法》第二十条及《专利法实施细则》第八条第三款的规定，此时不必单独提出保密审查的请求；二是根据张某的国籍，向美国专利商标局提出，但事先要向中国国家知识产权局提出保密审查的请求；三是向国际局提出，同样事先要向中国国家知识产权局提出保密审查的请求。由此可知，B选项正确；而A、C选项因直接向美国专利商标局或国际局提出专利国际申请，未事先向中国国家知识产权局提出保密审查请求，故错误。

根据《专利法实施细则》第一百零四条规定，申请人依照该细则第一百零三条的规定办理进入中国国家阶段的手续的，应当以中文提交进入中国国家阶段的书面声明，写明国际申请号和要求获得的专利权类型。《专利法实施细则》第一百一十二条规定，要求获得实用新型专利权的国际申请，申请人可以自进入日起2个月内对专利申请文件主动提出修改。要求获得发明专利权的国际申请，可以按照《专利法实施细则》第五十一条第一款的规定对专利申请文件主动提出修改。由此可见，该国际申请进入中国国家阶段时，申请人可以要求发明或实用新型专利保护，故D选项正确。

综上，本题正确答案为：B、D。

98. 下列哪些情形的国际申请，不能以受理局收到国际申请文件之日作为国际申请日？
   A. 申请中没有按规定写明发明人的姓名
   B. 申请中未指定任何缔约国
   C. 没有缴纳国际申请费和手续费
   D. 国际申请没有用规定的语言撰写

【答案】BD

【知识点】国际申请的受理条件

【解析】《专利合作条约》第11条第（1）款规定，受理局应以收到国际申请之日作为国际申请日，但以该局在收到申请时认定该申请符合下列要求为限：(i) 申请人并不因为居所或者国籍的原因而明显缺乏向该受理局提出国际申请的权利；(ii) 国际申请是用规定的语言撰写；(iii) 国际申请至少包括下列项目：(a) 说明是作为国际申请提出的；(b) 至少指定一个缔约国；(c) 按规定方式写明的申请人的姓名或者名称；(d) 有一部分表面上看像是说明书；(e) 有一部分表面上看像是一项或几项权利要求。根据上述规定，B选项的申请中未指定任何缔约国,以及 D 选项的国际申请没有用规定的语言撰写属于不应受理的情形,故 B、D 选项正确。而 A 选项的申请中没有按规定写明发明人的姓名、C 选项的申请没有缴纳国际申请费和手续费,并不影响 PCT 申请的被受理。

综上,本题正确答案为:B、D。

99. 王某以英文提交了 PCT 国际申请,其国际申请日为 2011 年 1 月 18 日,优先权日为 2010 年 9 月 15 日,进入中国国家阶段的日期为 2013 年 3 月 1 日。下列说法哪些是正确的?
  A. 在进入中国国家阶段时,申请人应当提交该国际申请的原始说明书和权利要求书的中文译文
  B. 申请人应当于 2013 年 9 月 15 日前提出实质审查请求
  C. 该申请授权后,专利权期限的起算日为 2011 年 1 月 18 日
  D. 该申请授权后,专利权期限的起算日为 2013 年 3 月 1 日

【答案】A B C
【知识点】国际申请日的效力　PCT 国际申请进入中国国家阶段的手续
【解析】《专利法实施细则》第一百零四条规定了申请人办理进入中国国家阶段的手续应当符合的要求,其中第(三)项规定:国际申请以外文提出的,应提交原始国际申请的说明书和权利要求书的中文译文。故 A 选项正确。

《专利法实施细则》第一百零二条规定,按照《专利合作条约》已确定国际申请日并指定中国的国际申请,视为向国务院专利行政部门提出的专利申请,该国际申请日视为《专利法》第二十八条所称的申请日。《专利法》第三十五条第一款规定,发明专利申请自申请日起 3 年内,国务院专利行政部门可以根据申请人随时提出的请求,对其申请进行实质审查;申请人无正当理由逾期不请求实质审查的,该申请即被视为撤回。《专利法实施细则》第十一条规定,除《专利法》第二十八条和第四十二条规定的情形外,《专利法》所称申请日,有优先权的,指优先权日。该细则所称申请日,除另有规定的外,是指《专利法》第二十八条规定的申请日。

本题中,王某的国际申请日为 2011 年 1 月 18 日,优先权日为 2010 年 9 月 15 日,根据上述规定,王某应当自优先权日起 3 年届满前提出实质审查请求,即应于 2013 年 9 月 15 日前提出实质审查请求,故 B 选项正确。

《专利法》第四十二条规定,发明专利权的期限为 20 年,实用新型专利权和外观设计专利权的期限为 10 年,均自申请日起计算。根据该规定以及《专利法实施细则》第十一条的规定,发明专利权的期限自申请日起计算,与优先权日、授权日无关,与 PCT 申请进入国家阶段的日期也无关。故 C 选项正确、D 选项错误。

综上,本题正确答案为:A、B、C。

100. 下列各组表示了国际专利分类表部的类号所指示的部的类名,请判断哪些组存在错误?
  A.　G 部:固定建筑物　　F 部:机械工程、照明

B. E部：电学　　　　　　　C部：化学、冶金
C. A部：人类生活必需　　　D部：纺织、造纸
D. H部：物理　　　　　　　B部：作业、运输

【答案】A B D

【知识点】发明和实用新型的国际专利分类

【解析】依据《国际专利分类表》各部的技术领域如下：A部：人类生活必需；B部：作业；运输；C部：化学；冶金；D部：纺织；造纸；E部：固定建筑物；F部：机械工程；照明；G部：物理；H部：电学。

由此可见，C选项所示分类表部的类号所指示的部的类名正确，而A、B、D选项中均有错误。

综上，本题正确答案为：A、B、D。

注：本解析均以2016年11月考试时的法律、法规、规章、相关司法解释和国际条约为准。

相关法律知识

答题须知：

1. 本试卷共有 100 题，每题 1 分，总分 100 分。
2. 本试卷要求应试者在机考试卷上选择答案。
3. 本试卷所有试题的正确答案均以现行的法律、法规、规章、相关司法解释和国际条约为准。

一、单项选择题（每题所设选项中只有一个正确答案，多选、错选或不选均不得分）。本部分含 1—30 题，每题 1 分，共 30 分。

1. 根据民法通则及相关规定，下列哪项属于民法调整的范围？
   A. 甲税务机关与乙公司之间的税款征收关系
   B. 张某向国家知识产权局提交专利申请产生的关系
   C. 丙公司与丁公司之间订立的买卖合同关系
   D. 庚市工商行政管理局因没收王某侵犯注册商标专用权的商品产生的关系

【答案】C

【知识点】民法的调整对象

【解析】《民法通则》第二条规定，中华人民共和国民法调整平等主体的公民之间、法人之间、公民和法人之间的财产关系和人身关系。本题中，选项 C 属于平等主体的法人之间的财产关系，属于民法的调整对象。选项 A、B、D 均属于行政主体和行政相对人之间的行政法律关系，不属于民法的调整对象。

综上，本题正确答案为：C。

2. 李某是无民事行为能力的精神病人，其近亲属对担任李某的监护人有争议，并且对李某住所地居民委员会的指定不服，向人民法院提起诉讼。根据民法通则及相关规定，人民法院一般应按照下列哪项中的顺序指定监护人？
   A. 配偶、父母、成年子女
   B. 配偶、成年子女、父母
   C. 父母、配偶、成年子女
   D. 父母、成年子女、配偶

【答案】A

【知识点】监护

【解析】《民法通则》第十七条规定，无民事行为能力或者限制民事行为能力的精神病人，由下列人员担任监护人：（一）配偶；（二）父母；（三）成年子女；（四）其他近亲属；（五）关系密切的其他亲属、朋友愿意承担监护责任，经精神病人的所在单位或者住所地的居民委员会、村民委员会同意的。对担任监护人有争议的，由精神病人的所在单位或者住所地的居民委员会、村民委员会在近亲属中指定。对指定不服提起诉讼的，由人民法院裁决。没有第一款规定的监护人的，由精神病人的所在单位或者住所地的居民委员会、村民委员会或者民政部门担任监护人。《最高人民法院关于贯彻执行〈中华人民共和国民法通则〉若干问题的意见（试行）》第十四条第一款规定，人民法院指定监护人时，可以将《民法通则》第十六条第二款中的（一）、（二）、（三）项或者第十七条第一款中的（一）、（二）、（三）、（四）、（五）项规定视为指定监护人的顺序。前一顺序有监护资格的人无监护能力或者对被监护人明显不利的，人民法院可以根据对被监护人有利的原则，从后一顺序有监护资格的人中择优确定。被监护人有识别能力的，应视情况征求被监护人的意见。据此，选项A正确，选项B、C、D错误。

综上，本题正确答案为：A。

3．根据民法通则及相关规定，下列关于宣告死亡和宣告失踪的哪种说法是正确的？
    A．宣告失踪是宣告死亡的必经程序
    B．公民因意外事故下落不明，从事故发生之日起满2年的，利害关系人可以向人民法院申请宣告他死亡
    C．有民事行为能力人在被宣告死亡期间实施的民事行为无效
    D．宣告失踪的，失踪人所欠税款、债务和应付的其他费用应暂停支付

【答案】B

【知识点】宣告失踪和宣告死亡

【解析】《最高人民法院关于贯彻执行〈中华人民共和国民法通则〉若干问题的意见（试行）》第二十九条规定，宣告失踪不是宣告死亡的必经程序。公民下落不明，符合申请宣告死亡条件的，利害关系人可以不经申请宣告失踪而直接申请宣告死亡。但利害关系人只申请宣告失踪的，应当宣告失踪；同一顺序的利害关系人，有的申请宣告死亡，有的不同意宣告死亡，则应当宣告死亡。因此，选项A错误。《民法通则》第二十三条第一款规定，公民有下列情形之一的，利害关系人可以向人民法院申请宣告他死亡：（一）下落不明满4年的；（二）因意外事故下落不明，从事故发生之日起满2年的。因此，选项B正确。《民法通则》第二十四条第二款规定，有民事行为能力人在被宣告死亡期间实施的民事行为有效。因此，选项C错误。《民法通则》第二十一第二款规定，失踪人所欠税款、债务和应付的其他费用，由代管人从失踪人的财产中支付。因此，选项D错误。

综上，本题正确答案为：B。

4．根据民法通则及相关规定，下列哪种情形构成不当得利？
    A．张某走失的宠物狗得到王某的喂养和照顾

B. 某地新建购物商场，使得附近周某的商品房大幅升值

C. 李某在垃圾筒里捡到一台破旧电视并将其搬运回家

D. 顾客王某因银行柜员赵某的工作失误多得 100 元钱

【答案】D

【知识点】不当得利

【解析】《民法通则》第九十三条规定，没有法定的或者与约定的义务，为避免他人利益受损失而进行管理或者服务的，有权要求受益人偿付由此而支付的必要费用。这是有关无因管理的规定。王某的喂养和照顾张某走失的宠物狗的行为属于无因管理，不属于不当得利，选项 A 错误。《民法通则》第九十二条规定，没有合法根据，取得不当利益，造成他人损失的，应当将取得的不当利益返还给受损失的人。这是有关不当得利的规定。周某的商品房周围新建购物商场大幅升值，属于房地产市场运行的自然结果，张某取得收益具有合法依据并且正当，不属于不当得利，选项 B 错误。李某在垃圾筒里捡到的破旧电视属于遗弃物，其行为不属于不当得利，选项 C 错误。银行柜员赵某因工作失误多给顾客王某 100 元钱，王某获得 100 元钱没有合法根据，其获得不当利益的同时造成了他人的损失，选项 D 的行为属于不当得利，选项 D 正确。

综上，本题正确答案为：D。

5. 平等民事主体之间的下列哪种协议适用合同法的规定？

　　A. 有关收养关系的协议

　　B. 有关买卖关系的协议

　　C. 有关监护关系的协议

　　D. 有关婚姻关系的协议

【答案】B

【知识点】合同法的适用范围

【解析】《合同法》第二条第一款规定，该法所称合同是平等主体的自然人、法人、其他组织之间设立、变更、终止民事权利义务关系的协议。因此，选项 B 的说法正确。《合同法》第二条第二款规定，婚姻、收养、监护等有关身份关系的协议，适用其他法律的规定。因此，选项 A、C、D 的说法错误。

综上，本题正确答案为：B。

6. 2015 年 11 月 1 日，李某和赵某签订房屋租赁合同，约定 2016 年 3 月 1 日该合同生效。根据合同法及相关规定，下列关于该合同的哪种说法是正确的？

　　A. 该合同为附生效期限的合同

　　B. 该合同为附终止期限的合同

　　C. 该合同为附生效条件的合同

　　D. 该合同为附解除条件的合同

【答案】A

【知识点】合同的生效

【解析】《合同法》第四十六条规定，当事人对合同的效力可以约定附期限。附生效期限的合同，自期限届至时生效。附终止期限的合同，自期限届满时失效。《合同法》第四十五条第一款规定，当事人对合同的效力可以约定附条件。附生效条件的合同，自条件成就时生效。附解除条件的合同，自条件成就时失效。李某和赵某约定2016年3月1日该合同生效，明确了合同生效的起始时间，因此属于附生效期限的合同。选项A正确，选项B、C、D错误。

综上，本题正确答案为：A。

7. 甲公司与乙公司签订买卖合同，约定甲公司应于2016年6月1日交货，乙公司应于2016年6月7日付款。2016年5月底，甲公司有确切证据证明乙公司转移财产、抽逃资金以逃避债务，已无支付货款的能力。根据合同法及相关规定，下列哪种说法是正确的？

A. 甲公司可以中止履行合同，但应及时通知乙公司
B. 甲公司可以中止履行合同，无需通知乙公司
C. 甲公司可以直接解除合同
D. 甲公司应按合同约定交货，如乙公司不支付货款可追究其违约责任

【答案】A

【知识点】合同的履行

【解析】《合同法》第六十八条规定，应当先履行债务的当事人，有确切证据证明对方有下列情形之一的，可以中止履行：（一）经营状况严重恶化；（二）转移资产、抽逃资金，以逃避债务的；（三）丧失商业信誉；（四）有丧失或者可能丧失履行债务能力的其他情形。当事人没有确切证据中止履行的，应当承担违约责任。《合同法》第六十九条规定，当事人依照该法第六十八条的规定中止履行的，应当及时通知对方。对方提供适当担保时，应当恢复履行。中止履行后，对方在合理期限内未恢复履行能力并且未提供适当担保的，中止履行的一方可以解除合同。因此，选项A正确，选项B、D错误。《合同法》第九十四条规定，有下列情形之一的，当事人可以解除合同：（一）因不可抗力致使不能实现合同目的；（二）在履行期限届满之前，当事人一方明确表示或者以自己的行为表明不履行主要债务；（三）当事人一方迟延履行主要债务，经催告后在合理期限内仍未履行；（四）当事人一方迟延履行债务或者有其他违约行为致使不能实现合同目的；（五）法律规定的其他情形。本题中的情形不属于上述情形，因此，甲公司不能直接解除合同，选项C错误。

综上，本题正确答案为：A。

8. 在一起侵犯专利权的民事诉讼中，人民法院进行了调解，并在双方当事人达成协议后制作了调解书。根据民事诉讼法及相关规定，该调解书自何时具有法律效力？

A. 制作完毕时

B. 送达任何一方当事人时
C. 加盖人民法院印章后
D. 经双方当事人签收后

【答案】D

【知识点】民事诉讼的调解

【解析】《民事诉讼法》第九十七条规定，调解达成协议，人民法院应当制作调解书。调解书应当写明诉讼请求、案件的事实和调解结果。调解书由审判人员、书记员署名，加盖人民法院印章，送达双方当事人。调解书经双方当事人签收后，即具有法律效力。因此，选项D正确。

综上，本题正确答案为：D。

9. 根据民事诉讼法及相关规定，因不动产纠纷提起的民事诉讼，由下列哪个人民法院管辖？
A. 不动产所在地人民法院
B. 原告住所地人民法院
C. 被告住所地人民法院
D. 原告经常居住地人民法院

【答案】A

【知识点】专属管辖

【解析】《民事诉讼法》第三十三条规定，下列案件，由本条规定的人民法院专属管辖：（一）因不动产纠纷提起的诉讼，由不动产所在地人民法院管辖；（二）因港口作业中发生纠纷提起的诉讼，由港口所在地人民法院管辖；（三）因继承遗产纠纷提起的诉讼，由被继承人死亡时住所地或者主要遗产所在地人民法院管辖。因此，选项A正确。

综上，本题正确答案为：A。

10. 根据民事诉讼法及相关规定，当事人对人民法院在民事诉讼第一审程序中作出的下列哪种裁定不服的，可以提起上诉？
A. 不准许撤诉的裁定
B. 中止诉讼的裁定
C. 终结执行的裁定
D. 驳回起诉的裁定

【答案】D

【知识点】裁定不服的上诉

【解析】《民事诉讼法》第一百五十四条第一款、第二款规定，裁定适用于下列范围：（一）不予受理；（二）对管辖权有异议的；（三）驳回起诉；（四）保全和先予执行；（五）准许或者不准许撤诉；（六）中止或者终结诉讼；（七）补正判决书中的笔误；（八）中止或者终结执行；（九）撤销或者不予执行仲裁裁决；（十）不予执行公证机关赋予强制执行效力的债权文书；(十一)其他需要裁定解决的事项。对前款第一项至第三项裁定，可以上诉。因此，驳回起诉的裁定可以提起上诉，选项D正确。准许或者不准许撤诉、中止或者终结诉讼、中止或者终结执行的裁定均不可以提起上诉，选项A、B、C错误。

综上，本题正确答案为：D。

11. 刘某对县公安局作出的罚款决定不服，欲提起行政复议。根据行政复议法及相关规定，下列哪种说法是正确的？

  A. 刘某可以在法定期限内口头申请
  B. 刘某必须书面申请
  C. 刘某可以随时提出口头申请
  D. 刘某可以随时提出书面申请

【答案】A

【知识点】行政复议的申请

【解析】《行政复议法》第九条规定，公民、法人或者其他组织认为具体行政行为侵犯其合法权益的，可以自知道该具体行政行为之日起60日内提出行政复议申请；但是法律规定的申请期限超过60日的除外。因不可抗力或者其他正当理由耽误法定申请期限的，申请期限自障碍消除之日起继续计算。因此，行政复议不能随时提出，需要在法定期限内提出，选项C、D错误。《行政复议法》第十一条规定，申请人申请行政复议，可以书面申请，也可以口头申请；口头申请的，行政复议机关应当当场记录申请人的基本情况、行政复议请求、申请行政复议的主要事实、理由和时间。因此，选项A正确，选项B错误。

综上，本题正确答案为：A。

12. 根据某市政府的决定，该市地税局对个体工商户纳税情况进行检查，该市工商局予以协助。在检查过程中，市工商局发现了李某的不法经营行为，并以自己的名义对李某进行了处罚。李某不服，欲提起行政复议。根据行政复议法及相关规定，下列哪项是行政复议被申请人？

  A. 市地税局
  B. 市政府
  C. 市工商局
  D. 市地税局和市工商局

【答案】C

【知识点】行政复议被申请人

【解析】《行政复议法》第十条第四款规定，公民、法人或者其他组织对行政机关的具体行政行为不服申请行政复议的，作出具体行政行为的行政机关是被申请人。对李某行政处罚的行政行为是市工商局作出的，其是行政复议被申请人。因此，选项C正确，选项A、B、D错误。

综上，本题正确答案为：C。

13. 根据行政复议法及相关规定，下列哪种说法是正确的？

   A. 申请人认为行政机关的具体行政行为所依据的地方人民政府规章不合法的，在对具体行政行为申请复议时，可以一并提出对该规章的审查申请
   B. 被申请人在行政复议过程中可以根据需要自行向申请人收集证据
   C. 行政复议决定作出前，申请人要求撤回行政复议申请的，经说明理由，可以撤回
   D. 行政复议期间一律停止执行具体行政行为

【答案】C

【知识点】行政复议的审理

【解析】《行政复议法》第七条规定，公民、法人或者其他组织认为行政机关的具体行政行为所依据的下列规定不合法，在对具体行政行为申请行政复议时，可以一并向行政复议机关提出对该规定的审查申请：（一）国务院部门的规定；（二）县级以上地方各级人民政府及其工作部门的规定；（三）乡、镇人民政府的规定。前款所列规定不含国务院部、委员会规章和地方人民政府规章。规章的审查依据法律、行政法规办理。地方人民政府规章不在可以提请审查的范围之内，因此，选项A错误。《行政复议法》第二十四条规定，在行政复议过程中，被申请人不得自行向申请人和其他有关组织或者个人收集证据。因此，选项B错误。《行政复议法》第二十五条规定，行政复议决定作出前，申请人要求撤回行政复议申请的，经说明理由，可以撤回；撤回行政复议申请的，行政复议终止。因此，选项C正确。《行政复议法》第二十一条规定，行政复议期间具体行政行为不停止执行；但是，有下列情形之一的，可以停止执行：（一）被申请人认为需要停止执行的；（二）行政复议机关认为需要停止执行的；（三）申请人申请停止执行，行政复议机关认为其要求合理，决定停止执行的；（四）法律规定停止执行的。因此，通常情况下，行政复议期间具体行政行为不停止执行。选项D错误。

综上，本题正确答案为：C。

14. 根据行政诉讼法及相关规定，王某对某行政机关作出的行政处罚决定不服欲提起行政诉讼，但该行政机关已被撤销，应当以谁为被告？

   A. 行政处罚执法人员
   B. 该行政机关负责人
   C. 该行政机关的上级主管机关
   D. 继续行使该行政机关职权的行政机关

【答案】D

【知识点】行政诉讼被告

【解析】《行政诉讼法》第二十六条第六款规定，行政机关被撤销或者职权变更的，继续行使其职权的行政机关是被告。因此，选项D正确，选项A、B、C错误。

综上，本题正确答案为：D。

15. 根据行政诉讼法及相关规定，公民、法人或者其他组织不服行政机关的行政行为，直接向人民法院提起诉讼的，除法律另有规定的外，应当自知道或者应当知道作出该行政行为之日起多长时间内提出？

　　A. 1 个月

　　B. 2 个月

　　C. 6 个月

　　D. 12 个月

【答案】C

【知识点】起诉的期限、方式和条件

【解析】《行政诉讼法》第四十六条第一款规定，公民、法人或者其他组织直接向人民法院提起诉讼的，应当自知道或者应当知道作出行政行为之日起 6 个月内提出。法律另有规定的除外。因此，选项 C 正确，选项 A、B、D 错误。

　　综上，本题正确答案为：C。

16. 根据行政诉讼法及相关规定，原告向两个以上有管辖权的人民法院提起行政诉讼的，由下列哪个人民法院管辖？

　　A. 最先收到起诉状的人民法院

　　B. 最先收到案件受理费的人民法院

　　C. 最先立案的人民法院

　　D. 该两个人民法院共同上级人民法院指定的人民法院

【答案】C

【知识点】行政诉讼的共同管辖

【解析】《行政诉讼法》第二十一条规定，两个以上人民法院都有管辖权的案件，原告可以选择其中一个人民法院提起诉讼。原告向两个以上有管辖权的人民法院提起诉讼的，由最先立案的人民法院管辖。因此，选项 C 正确，选项 A、B、D 错误。

　　综上，本题正确答案为：C。

17. 某市工商局和公安局共同对某公司作出行政处罚决定，该公司不服，以市工商局为被告向人民法院提起行政诉讼。经过审理，人民法院向原告建议增加市公安局为被告，原告不同意。根据行政诉讼法及相关规定，人民法院应当如何处理？

　　A. 依职权追加市公安局为被告

　　B. 通知市公安局以第三人身份参加诉讼

　　C. 裁定驳回起诉

　　D. 判决驳回原告的诉讼请求

【答案】B

【知识点】行政诉讼参加人

【解析】《行政诉讼法》第二十六条第四款规定，两个以上行政机关作出同一行政行为的，共同作出行政行为的行政机关是共同被告。因此，人民法院应当向原告建议追加被告。《最高人民法院关于执行〈中华人民共和国行政诉讼法〉若干问题的解释》第二十三条第二款规定，应当追加被告而原告不同意追加的，人民法院应当通知其以第三人的身份参加诉讼。因此，人民法院应当通知市公安局以第三人身份参加诉讼，选项B正确，选项A、C、D错误。

综上，本题正确答案为：B。

18. 李某以专利代理人常某为原型创作了一部小说。在创作过程中，杨某提供了资金，王某提供了一些咨询意见。根据著作权法及相关规定，下列关于该小说作者的哪种说法是正确的？
   A. 杨某是作者
   B. 王某是作者
   C. 李某是作者
   D. 常某是作者

【答案】C

【知识点】作者的认定

【解析】《著作权法》第十一条第二款规定，创作作品的公民是作者。《著作权法实施条例》第三条规定，著作权法所称创作，是指直接产生文学、艺术和科学作品的智力活动。为他人创作进行组织工作，提供咨询意见、物质条件，或者进行其他辅助工作，均不视为创作。据此，创作小说的李某是作者，杨某、王某和常某均不是作者。因此，选项C正确，选项A、B、D错误。

综上，本题正确答案为：C。

19. 甲小学主持起草2015年学校工作总结并上报区教育局。期间，校办公室主任张某接受该小学指派承担了具体撰写工作。根据著作权法及相关规定，下列哪种说法是正确的？
   A. 甲小学视为该工作总结的作者
   B. 该工作总结的作者是张某，该工作总结的著作权人是甲小学
   C. 该工作总结的署名权由张某享有，该工作总结的复制权由甲小学享有
   D. 该工作总结的著作权由张某享有

【答案】A

【知识点】著作权归属

【解析】《著作权法》第十一条第三款规定，由法人或者其他组织主持，代表法人或者其他组织意志创作，并由法人或者其他组织承担责任的作品，法人或者其他组织视为作者。2015年学校工作总结是由该小学组织主持代表该小学意志创作的作品，由该小学承担责任，该小学视为作者。因此，选项A正确，选项B错误。《著作权法》第十一条第一款规定，著作权属于作者，该法另有规定的除外。因此，2015年学校工作总结的著作权属于该小学，

该著作权包括署名权等著作人身权和复制权等著作财产权，选项C、D错误。

综上，本题正确答案为：A。

20. 根据著作权法及相关规定，下列哪种行为侵犯了著作权人的出租权？
    A. 甲未经著作权人许可，开设店铺出租其购买的武侠小说
    B. 乙未经著作权人许可，开设店铺出租其购买的电视剧光盘
    C. 丙未经著作权人许可，从出租商店租借武侠小说个人阅读
    D. 丁未经著作权人许可，从出租商店租借电视剧光盘个人观看

【答案】B

【知识点】著作权的内容

【解析】《著作权法》第十条第一款规定，著作权包括下列人身权和财产权：……（七）出租权，即有偿许可他人临时使用电影作品和以类似摄制电影的方法创作的作品、计算机软件的权利，计算机软件不是出租的主要标的的除外；因此，未经著作权人许可，有偿许可他人临时使用电影作品和以类似摄制电影的方法创作的作品、计算机软件的行为，是侵犯出租权的行为，选项B正确。出租权的客体是电影作品和以类似摄制电影的方法创作的作品、计算机软件，选项A错误。侵犯出租权的行为是有偿许可他人临时使用，并非从他人处有偿获得作品加以使用，选项C、D错误。

综上，本题正确答案为：B。

21. 作家张某撰写一部短篇小说《专利代理人的幸福生活》，2016年8月9日开始创作，2016年9月9日创作完成，2016年10月9日办理了作品登记，2016年10月30日该作品在杂志上发表。根据著作权法及相关规定，该作品著作权从何时起产生？
    A. 2016年8月9日
    B. 2016年9月9日
    C. 2016年10月9日
    D. 2016年10月30日

【答案】B

【知识点】著作权的产生时间

【解析】《著作权法实施条例》第六条规定，著作权自作品创作完成之日起产生。因此，选项B正确，选项A、C、D错误。

综上，本题正确答案为：B。

22. 根据著作权法及相关规定，下列哪种行为可以不经著作权人许可，不向其支付报酬？
    A. 教师张某在教学课件中为了说明某一问题，适当引用他人已经发表的某篇论文
    B. 王某为说明某一问题，在作品中引用他人未发表的作品
    C. 某国家机关为执行公务，使用李某拍摄的并未发表过的照片

D. 甲刊物转载赵某在乙刊物上发表且声明不得转载的一篇论文

【答案】A

【知识点】著作权的限制

【解析】《著作权法》第二十二条规定，在下列情况下使用作品，可以不经著作权人许可，不向其支付报酬，但应当指明作者姓名、作品名称，并且不得侵犯著作权人依照该法享有的其他权利：(一) 为个人学习、研究或者欣赏，使用他人已经发表的作品；(二) 为介绍、评论某一作品或者说明某一问题，在作品中适当引用他人已经发表的作品；(三) 为报道时事新闻，在报纸、期刊、广播电台、电视台等媒体中不可避免地再现或者引用已经发表的作品；(四) 报纸、期刊、广播电台、电视台等媒体刊登或者播放其他报纸、期刊、广播电台、电视台等媒体已经发表的关于政治、经济、宗教问题的时事性文章，但作者声明不许刊登、播放的除外；(五) 报纸、期刊、广播电台、电视台等媒体刊登或者播放在公众集会上发表的讲话，但作者声明不许刊登、播放的除外；(六) 为学校课堂教学或者科学研究，翻译或者少量复制已经发表的作品，供教学或科研人员使用，但不得出版发行；(七) 国家机关为执行公务在合理范围内使用已经发表的作品；(八) 图书馆、档案馆、纪念馆、博物馆、美术馆等为陈列或者保存版本的需要，复制本馆收藏的作品；(九) 免费表演已经发表的作品，该表演未向公众收取费用，也未向表演者支付报酬；(十) 对设置或者陈列在室外公共场所的艺术作品进行临摹、绘画、摄影、录像；(十一) 将中国公民、法人或者其他组织已经发表的以汉语言文字创作的作品翻译成少数民族语言文字作品在国内出版发行；(十二) 将已经发表的作品改成盲文出版。前款规定适用于对出版者、表演者、录音录像制作者、广播电台、电视台的权利的限制。《著作权法》第二十三条第一款规定，为实施九年制义务教育和国家教育规划而编写出版教科书，除作者事先声明不许使用的外，可以不经著作权人许可，在教科书中汇编已经发表的作品片段或者短小的文字作品、音乐作品或者单幅的美术作品、摄影作品，但应当按照规定支付报酬，指明作者姓名、作品名称，并且不得侵犯著作权人依照该法享有的其他权利。选项A属于为介绍、评论某一作品或者说明某一问题，在作品中适当引用他人已经发表的作品，可以不经著作权人许可，不向其支付报酬，选项A正确。选项B、C所引用的作品是他人未发表的作品，选项B、C错误。《著作权法》第三十三条第二款规定，作品刊登后，除著作权人声明不得转载、摘编的外，其他报刊可以转载或者作为文摘、资料刊登，但应当按照规定向著作权人支付报酬。因为选项D中赵某已经在乙刊物上声明不得转载，因此其他报刊在该作品刊登后不能转载。因此，选项D错误。

综上，本题正确答案为：A。

23. 甲制片公司拍摄了电视连续剧《春秋》，乙电视台未经甲公司的许可每天晚上8点到10点播出该电视剧。根据著作权法及相关规定，乙电视台侵犯了甲公司著作权中的哪项权利？

　　A. 展览权

　　B. 放映权

　　C. 广播权

D. 表演权

【答案】C

【知识点】著作权的内容

【解析】《著作权法》第十条第一款规定，著作权包括下列人身权和财产权：（一）发表权，即决定作品是否公之于众的权利；（二）署名权，即表明作者身份，在作品上署名的权利；（三）修改权，即修改或者授权他人修改作品的权利；（四）保护作品完整权，即保护作品不受歪曲、篡改的权利；（五）复制权，即以印刷、复印、拓印、录音、录像、翻录、翻拍等方式将作品制作一份或者多份的权利；（六）发行权，即以出售或者赠与方式向公众提供作品的原件或者复制件的权利；（七）出租权，即有偿许可他人临时使用电影作品和以类似摄制电影的方法创作的作品、计算机软件的权利，计算机软件不是出租的主要标的的除外；（八）展览权，即公开陈列美术作品、摄影作品的原件或者复制件的权利；（九）表演权，即公开表演作品，以及用各种手段公开播送作品的表演的权利；（十）放映权，即通过放映机、幻灯机等技术设备公开再现美术、摄影、电影和以类似摄制电影的方法创作的作品等的权利；（十一）广播权，即以无线方式公开广播或者传播作品，以有线传播或者转播的方式向公众传播广播的作品，以及通过扩音器或者其他传送符号、声音、图像的类似工具向公众传播广播的作品的权利；（十二）信息网络传播权，即以有线或者无线方式向公众提供作品，使公众可以在其个人选定的时间和地点获得作品的权利；（十三）摄制权，即以摄制电影或者以类似摄制电影的方法将作品固定在载体上的权利；（十四）改编权，即改变作品，创作出具有独创性的新作品的权利；（十五）翻译权，即将作品从一种语言文字转换成另一种语言文字的权利；（十六）汇编权，即将作品或者作品的片段通过选择或者编排，汇集成新作品的权利；（十七）应当由著作权人享有的其他权利。本题中，乙电视台未经甲公司的许可每天晚上8点到10点播出该电视剧，是未经权利人许可，以有线传播的方式向公众传播广播的作品的情况，侵犯了权利人的广播权，选项C正确。乙电视台并未以出售或者赠与方式向公众提供作品的原件或者复制件，因此并未侵犯发行权，选项A错误。乙电视台并未通过放映机、幻灯机等技术设备公开再现美术、摄影、电影和以类似摄制电影的方法创作的作品等，因此并未侵犯放映权，选项B错误。乙电视台并未公开表演作品，也未用各种手段公开播送作品的表演，因此并未侵犯表演权，选项D错误。

综上，本题正确答案为：C

24. 根据商标法及相关规定，张某向李某转让注册商标并签订了转让协议，李某自何时起享有该商标专用权？

    A. 该商标转让核准后公告之日

    B. 向商标局提出转让申请之日

    C. 转让协议签订之日

    D. 该商标转让核准之日

【答案】A

【知识点】注册商标的转让

【解析】《商标法》第四十二条第四款规定，转让注册商标经核准后，予以公告。受让人自公告之日起享有商标专用权。因此，选项A正确，选项B、C、D错误。

综上，本题正确答案为：A。

25. 张某认为商标局初步审定公告的某商标因缺乏显著特征而不应获得注册，根据商标法及相关规定，张某可以自初步审定公告之日起三个月内采取下列哪种措施？

  A. 张某可以向商标局提出异议

  B. 张某不是利害关系人或者在先权利人，不得提出异议

  C. 张某可以向商标评审委员会提出异议

  D. 张某可以请求商标评审委员会宣告其无效

【答案】A

【知识点】商标异议

【解析】《商标法》第三十三条规定，对初步审定的商标，自公告之日起3个月内，在先权利人、利害关系人认为违反该法第十三条第二款和第三款、第十五条、第十六条第一款、第三十条、第三十一条、第三十二条规定的，或者任何人认为违反该法第十条、第十一条、第十二条规定的，可以向商标局提出异议。公告期满无异议的，予以核准注册，发给商标注册证，并予公告。《商标法》第十一条第一款规定，下列商标不得作为商标注册：……（三）其他缺乏显著特征的。因此，任何人均可以依据商标缺乏显著特征提出商标异议，并不限于在先权利人、利害关系人，选项B错误。任何人认为违反《商标法》第十一条规定的，可以向商标局提出异议，而非向商标评审委员会提出异议，选项A正确，选项C错误。《商标法》第四十四条第一款规定，已经注册的商标，违反该法第十条、第十一条、第十二条规定的，或者是以欺骗手段或者其他不正当手段取得注册的，由商标局宣告该注册商标无效；其他单位或者个人可以请求商标评审委员会宣告该注册商标无效。无效宣告程序针对的是注册商标，而非初步审定公告的商标，选项D错误。

综上，本题正确答案为：A。

26. 根据商标法及相关规定，下列哪项不属于县级以上工商行政管理部门对涉嫌商标侵权行为进行查处时可以行使的职权？

  A. 询问有关当事人

  B. 对当事人涉嫌从事侵犯他人注册商标专用权活动的场所实施现场检查

  C. 检查与侵权活动有关的物品

  D. 对涉嫌侵权人予以拘留

【答案】D

【知识点】侵权行为的行政查处

【解析】《商标法》第六十二条规定，县级以上工商行政管理部门根据已经取得的违法嫌

疑证据或者举报，对涉嫌侵犯他人注册商标专用权的行为进行查处时，可以行使下列职权：（一）询问有关当事人，调查与侵犯他人注册商标专用权有关的情况；（二）查阅、复制当事人与侵权活动有关的合同、发票、账簿以及其他有关资料；（三）对当事人涉嫌从事侵犯他人注册商标专用权活动的场所实施现场检查；（四）检查与侵权活动有关的物品；对有证据证明是侵犯他人注册商标专用权的物品，可以查封或者扣押。工商行政管理部门依法行使前款规定的职权时，当事人应当予以协助、配合，不得拒绝、阻挠。在查处商标侵权案件过程中，对商标权属存在争议或者权利人同时向人民法院提起商标侵权诉讼的，工商行政管理部门可以中止案件的查处。中止原因消除后，应当恢复或者终结案件查处程序。因此，选项A、B、C是县级以上工商行政管理部门对涉嫌商标侵权行为进行查处时可以行使的职权，选项D不是县级以上工商行政管理部门对涉嫌商标侵权行为进行查处时可以行使的职权，正确答案为选项D。

综上，本题正确答案为：D。

27. 根据商标法及相关规定，商标局经审查对商标异议案件作出决定后，当事人不服的，下列关于救济程序的哪种说法是正确的？

  A. 商标局作出准予注册决定，异议人不服的，可以向商标评审委员会申请复审
  B. 商标局作出准予注册决定，异议人不服的，可以向商标评审委员会申请行政复议
  C. 商标局作出不予注册决定，被异议人不服的，可以向商标评审委员会申请复审
  D. 商标局作出不予注册决定，被异议人不服的，可以直接以商标评审委员会为被告向人民法院提起行政诉讼

【答案】C

【知识点】商标异议救济

【解析】《商标法》第三十五条第二款规定，商标局做出准予注册决定的，发给商标注册证，并予公告。异议人不服的，可以依照该法第四十四条、第四十五条的规定向商标评审委员会请求宣告该注册商标无效。因此，选项A、B错误。《商标法》第三十五条第三款规定，商标局做出不予注册决定，被异议人不服的，可以自收到通知之日起15日内向商标评审委员会申请复审。商标评审委员会应当自收到申请之日起12个月内作出复审决定，并书面通知异议人和被异议人。有特殊情况需要延长的，经国务院工商行政管理部门批准，可以延长6个月。被异议人对商标评审委员会的决定不服的，可以自收到通知之日起30日内向人民法院起诉。人民法院应当通知异议人作为第三人参加诉讼。因此，选项C正确，选项D错误。

综上，本题正确答案为：C。

28. 某商标代理机构未经授权，以自己的名义将被代理人甲公司的商标进行注册，在获得核准注册后，甲公司可以自该商标注册之日起五年内采取下列哪种措施维护自身合法权益？

  A. 请求商标局撤销该注册商标

B. 请求北京知识产权法院宣告该注册商标无效

C. 请求商标评审委员会宣告该注册商标无效

D. 请求商标评审委员会撤销该注册商标

【答案】C

【知识点】当事人请求宣告注册商标无效

【解析】《商标法》第四十五条规定，已经注册的商标，违反该法第十三条第二款和第三款、第十五条、第十六条第一款、第三十条、第三十一条、第三十二条规定的，自商标注册之日起5年内，在先权利人或者利害关系人可以请求商标评审委员会宣告该注册商标无效。对恶意注册的，驰名商标所有人不受5年的时间限制。《商标法》第十五条第一款规定，未经授权，代理人或者代表人以自己的名义将被代理人或者被代表人的商标进行注册，被代理人或者被代表人提出异议的，不予注册并禁止使用。因此，选项C正确，选项A、B、D错误。

综上，本题正确答案为：C。

29. 根据集成电路布图设计保护条例的规定，侵犯布图设计专有权引起纠纷的，布图设计权利人或者利害关系人可以请求下列哪个部门处理？

A. 国务院工商行政管理部门

B. 国务院著作权行政管理部门

C. 国务院知识产权行政部门

D. 地方各级管理专利工作的部门

【答案】C

【知识点】处理布图设计侵权纠纷的行政主管部门

【解析】《集成电路布图设计保护条例》第三十一条规定，未经布图设计权利人许可，使用其布图设计，即侵犯其布图设计专有权，引起纠纷的，由当事人协商解决；不愿协商或者协商不成的，布图设计权利人或者利害关系人可以向人民法院起诉，也可以请求国务院知识产权行政部门处理。国务院知识产权行政部门处理时，认定侵权行为成立的，可以责令侵权人立即停止侵权行为，没收、销毁侵权产品或者物品。当事人不服的，可以自收到处理通知之日起15日内依照《中华人民共和国行政诉讼法》向人民法院起诉；侵权人期满不起诉又不停止侵权行为的，国务院知识产权行政部门可以请求人民法院强制执行。应当事人的请求，国务院知识产权行政部门可以就侵犯布图设计专有权的赔偿数额进行调解；调解不成的，当事人可以依照《中华人民共和国民事诉讼法》向人民法院起诉。因此，侵犯其布图设计专有权引起纠纷的，有三种解决途径：一是协商解决；二是向人民法院提起侵权诉讼；三是请求国务院知识产权行政部门处理。因此，选项C正确，选项A、B、D错误。

综上，本题正确答案为：C。

30. 根据《与贸易有关的知识产权协定》的规定，在知识产权保护方面，除该协定规定的特殊情形之外，每一成员给予其他成员国民的待遇不应比其给予本国国民的待遇较为不利。上述规定可以概括为什么原则？

A. 对等原则

B. 差别待遇原则

C. 国民待遇原则

D. 最惠国待遇原则

【答案】C

【知识点】《与贸易有关的知识产权协定》的基本原则

【解析】《与贸易有关的知识产权协定》第 3 条"国民待遇"规定，1. 在知识产权的保护方面，除《巴黎公约》（1967 年）、《伯尔尼公约》（1971 年）、《罗马公约》或者《关于集成电路的知识产权条约》已经分别规定的例外以外，每一成员给予其他成员国民的待遇不应比其给予本国国民的待遇较为不利。就表演者、录音制品制作者和广播组织而言，这一义务只适用于该协定规定的权利。任何成员欲利用《伯尔尼公约》（1971 年）第 6 条或者《罗马公约》第 16 条第 1 款（b）项的规定的，应当向与贸易有关的知识产权理事会作出各该条款所规定的通知。2. 各成员可以利用该条第 1 款所允许的司法和行政程序方面的例外，包括在成员管辖范围以内指定送达文件的地址或者委派代理人，只要这些例外是为确保遵守与该协定不相抵触的法律和规章所必要，而且这些做法的实施方式对贸易不会构成变相的限制。因此，选项 C 正确。

综上，本题正确答案为：C。

二、多项选择题（每题所设选项中至少有两个正确答案，多选、少选、错选或不选均不得分）。本部分含 31—100 题，每题 1 分，共 70 分。

31. 根据民法通则及相关规定，下列关于民事权利能力和民事行为能力的哪些说法是正确的？

A. 十周岁以上的未成年人是限制民事行为能力人，可以进行与他的年龄、智力相适应的民事活动

B. 公民从出生时起到死亡时止，具有民事行为能力，依法享有民事权利，承担民事义务

C. 法人的民事权利能力和民事行为能力，从法人成立时产生，到法人终止时消灭

D. 不能辨认自己行为的精神病人是无民事行为能力人，由他的法定代理人代理民事活动

【答案】ACD

【知识点】民事权利能力 民事行为能力

【解析】《民法通则》第十二条规定，10 周岁以上的未成年人是限制民事行为能力人，可以进行与他的年龄、智力相适应的民事活动。因此，选项 A 正确。《民法通则》第九条规定，公民从出生时起到死亡时止，具有民事权利能力，依法享有民事权利，承担民事义务。因此，选项 B 错误。《民法通则》第三十六条第二款规定，法人的民事权利能力和民事行为能力，从法人成立时产生，到法人终止时消灭。因此，选项 C 正确。《民法通则》第十三条第一款规定，不能辨认自己行为的精神病人是无民事行为能力人，由他的法定代理人代理民

事活动。因此，选项D正确。

综上，本题正确答案为：A、C、D。

32. 根据民法通则及相关规定，下列哪些属于法人应当具备的条件？
    A. 依法成立
    B. 有必要的财产或者经费
    C. 有自己的名称、组织机构和场所
    D. 能够独立承担民事责任

【答案】A B C D
【知识点】法人应具备的条件
【解析】《民法通则》第三十七条规定，法人应当具备下列条件：（一）依法成立；（二）有必要的财产或者经费；（三）有自己的名称、组织机构和场所；（四）能够独立承担民事责任。因此，选项A、B、C、D正确。

综上，本题正确答案为：A、B、C、D。

33. 根据民法通则及相关规定，民事法律行为应当具备下列哪些条件？
    A. 行为人具有相应的民事行为能力
    B. 意思表示真实
    C. 不违反法律或者社会公共利益
    D. 采取书面形式

【答案】A B C
【知识点】民事法律行为的有效要件
【解析】《民法通则》第五十五条规定，民事法律行为应当具备下列条件：（一）行为人具有相应的民事行为能力；（二）意思表示真实；（三）不违反法律或者社会公共利益。因此，选项A、B、C正确。《民法通则》第五十六条规定，民事法律行为可以采用书面形式、口头形式或者其他形式。法律规定用特定形式的，应当依照法律规定。因此，选项D错误。

综上，本题正确答案为：A、B、C。

34. 根据民法通则及其他相关规定，下列哪些民事行为无效？
    A. 李某因欠徐某赌债向其出具欠条
    B. 林某是间歇性精神病人，在精神状态正常期间签订了其接受捐赠的合同
    C. 某国有公司经理曹某与宋某恶意串通，将公司财产以明显低价卖给宋某
    D. 12岁的小学生徐某花5元钱在小卖部购买了铅笔和橡皮

【答案】A C
【知识点】无效民事行为
【解析】《民法通则》第五十八条第一款规定，下列民事行为无效：（一）无民事行为能

力人实施的；（二）限制民事行为能力人依法不能独立实施的；（三）一方以欺诈、胁迫的手段或者趁人之危，使对方在违背真实意思的情况下所为的；（四）恶意串通，损害国家、集体或者第三人利益的；（五）违反法律或者社会公共利益的；（六）以合法形式掩盖非法目的的。选项A属于该条第（五）项规定的"违反法律或者社会公共利益的民事行为"，选项C属于该条第（四）项规定的"恶意串通，损害国家、集体或者第三人利益的民事行为"，是无效的法律行为，因此，选项A、C正确。《民法通则》第十三条第二款规定，不能完全辨认自己行为的精神病人是限制民事行为能力人，可以进行与他的精神健康状况相适应的民事活动；其他民事活动由他的法定代理人代理，或者征得他的法定代理人的同意。同时，《最高人民法院关于贯彻执行〈中华人民共和国民法通则〉若干问题的意见（试行）》第六条规定，无民事行为能力人、限制民事行为能力人接受奖励、赠与、报酬，他人不得以行为人无民事行为能力、限制民事行为能力为由，主张以上行为无效。因此，选项B的民事行为有效，选项B错误。《民法通则》第十二条第一款规定，10周岁以上的未成年人是限制民事行为能力人，可以进行与他的年龄、智力相适应的民事活动；其他民事活动由他的法定代理人代理，或者征得他的法定代理人的同意。因此，选项D的民事行为有效，选项D错误。

综上，本题正确答案为：A、C。

35. 根据民法通则及相关规定，对于代理人在代理权终止后的代理行为，下列哪些说法是正确的？

    A. 经过被代理人追认的，被代理人承担民事责任
    B. 未经被代理人追认的，行为人承担民事责任
    C. 第三人知道代理权已终止还与行为人实施民事行为给他人造成损害的，由第三人和行为人负连带责任
    D. 经过被代理人追认的，由行为人和被代理人各承担百分之五十的责任

【答案】ABC

【知识点】无权代理及其法律后果

【解析】《民法通则》第六十六条第一款规定，没有代理权、超越代理权或者代理权终止后的行为，只有经过被代理人的追认，被代理人才承担民事责任。未经被代理人追认的行为，行为人承担民事责任。本人知道他人以本人名义实施民事行为而不作否定表示的，视为同意。因此，选项A、B正确，选项D错误。《民法通则》第六十六条第四款规定，第三人知道行为人没有代理权、超越代理权或者代理权已终止还与行为人实施民事行为给他人造成损害的，由第三人和行为人负连带责任。因此，选项C正确。

综上，本题正确答案为：A、B、C。

36. 甲公司特邀请知名画家张某为公司庆典创作一幅书画作品，并明确约定须由张某亲自创作完成。张某在构思过程中因事务繁忙无法在规定期限内完成作品，遂请其学生王某代为完成画作，但并未告知甲公司，甲公司收到画作后支付给张某约定的画款。根据民法通则及相关规

定，下列哪些说法是正确的？

A．张某因故无法在规定期限内完成作品，可以转委托他人

B．张某系为甲公司利益着想，可以转委托他人完成作品

C．根据甲公司与张某的约定，该画作应当由张某亲自完成，不能转委托他人

D．张某应按照合同亲自完成画作，其请学生王某代为完成画作的行为无效

【答案】CD

【知识点】代理

【解析】根据《民法通则》第六十三条第三款，依照法律规定或者按照双方当事人约定，应当由本人实施的民事法律行为，不得代理。因此，选项A、B错误，选项C正确。《最高人民法院关于贯彻执行〈中华人民共和国民法通则〉若干问题的意见（试行）》第七十八条规定，凡是依法或者依双方的约定必须由本人亲自实施的民事行为，本人未亲自实施的，应当认定行为无效。因此，选项D正确。

综上，本题正确答案为：C、D。

37．郁某、施某、兰某各出三分之一价款购买了一台计算机，后郁某和施某未与常年在外打工的兰某商量，将该计算机以市场价卖给了不知情的池某，并平分了卖得的价款。根据民法通则及相关规定，下列哪些说法是正确的？

A．郁某、施某、兰某对该计算机构成共有关系

B．郁某和施某擅自处分该计算机并平分价款的行为，侵犯了兰某的权利

C．池某是善意第三人，且有偿取得该计算机的所有权，其合法权益应受到保护

D．兰某的损失应由郁某和施某赔偿

【答案】ABCD

【知识点】共有

【解析】《民法通则》第七十八条规定，财产可以由两个以上的公民、法人共有。共有分为按份共有和共同共有。按份共有人按照各自的份额，对共有财产分享权利，分担义务。共同共有人对共有财产享有权利，承担义务。按份共有财产的每个共有人有权要求将自己的份额分出或者转让。但在出售时，其他共有人在同等条件下，有优先购买的权利。选项A正确。《最高人民法院关于贯彻执行〈中华人民共和国民法通则〉若干问题的意见（试行）》第八十九条规定，共同共有人对共有财产享有共同的权利，承担共同的义务。在共同共有关系存续期间，部分共有人擅自处分共有财产的，一般认定无效。但第三人善意、有偿取得该财产的，应当维护第三人的合法权益；对其他共有人的损失，由擅自处分共有财产的人赔偿。选项B、C、D正确。

综上，本题正确答案为：A、B、C、D。

38．根据民法通则及相关规定，下列哪些属于民事责任的承担方式？

A．停止侵害

B. 赔礼道歉

C. 支付违约金

D. 赔偿损失

【答案】A B C D

【知识点】承担民事责任的方式

【解析】《民法通则》第一百三十四条第一款规定，承担民事责任的方式主要有：（一）停止侵害；（二）排除妨碍；（三）消除危险；（四）返还财产；（五）恢复原状；（六）修理、重作、更换；（七）赔偿损失；（八）支付违约金；（九）消除影响、恢复名誉；（十）赔礼道歉。因此，选项A、B、C、D正确。

综上，本题正确答案为：A、B、C、D。

39. 甲公司向乙公司去函表示，"我公司生产的W型路由器，每台单价200元。如果需要请与我公司联系。"乙公司回函，"我公司愿向贵公司订购W型路由器500台，每台单价150元，如无异议，请于一个月内供货。"十天后，甲公司向乙公司发出500台路由器，并要求乙公司按照每台200元的价格付款，乙公司拒收。根据合同法及相关规定，下列哪些说法是正确的？

A. 甲公司向乙公司的去函是要约

B. 甲公司向乙公司的去函是要约邀请

C. 乙公司向甲公司的回函是新要约

D. 乙公司向甲公司的回函是承诺

【答案】A C

【知识点】要约和承诺

【解析】《合同法》第十四条规定，要约是希望和他人订立合同的意思表示，该意思表示应当符合下列规定：（一）内容具体确定；（二）表明经受要约人承诺，要约人即受该意思表示约束。甲公司向乙公司的去函内容具体确定、表明经乙公司承诺即受该意思表示的约束，因此甲公司向乙公司的去函是要约，选项A正确。《合同法》第十五条第一款规定，要约邀请是希望他人向自己发出要约的意思表示。寄送的价目表、拍卖公告、招标公告、招股说明书、商业广告等为要约邀请。甲公司向乙公司的去函并非希望他人向自己发出要约的意思表示，选项B错误。《合同法》第三十条规定，承诺的内容应当与要约的内容一致。受要约人对要约的内容作出实质性变更的，为新要约。有关合同标的、数量、质量、价款或者报酬、履行期限、履行地点和方式、违约责任和解决争议方法等的变更，是对要约内容的实质性变更。乙公司向甲公司的回函改变了价款，是对要约内容的实质性变更，构成新要约。因此，选项C正确，选项D错误。

综上，本题正确答案为：A、C。

40. 甲公司向乙公司发出要约，欲购买其生产的路由器。要约发出后，甲公司因资金周转困难欲撤回要约。根据合同法及相关规定，下列哪些情形下，甲公司发出的要约被撤回？

A. 撤回要约的通知在要约到达乙公司之前到达乙公司

B. 撤回要约的通知与要约同时到达乙公司

C. 撤回要约的通知在要约到达乙公司之后、乙公司发出承诺通知之前到达乙公司

D. 撤回要约的通知在乙公司发出承诺通知的同时到达乙公司

【答案】AB

【知识点】要约的撤回、撤销

【解析】《合同法》第十七条规定，要约可以撤回。撤回要约的通知应当在要约到达受要约人之前或者与要约同时到达受要约人。因此，选项A、B正确。《合同法》第十八条规定，要约可以撤销。撤销要约的通知应当在受要约人发出承诺通知之前到达受要约人。可见，撤回要约的通知在要约到达受要约人之前或者与要约同时到达受要约人，撤销要约的通知在受要约人发出承诺通知之前到达受要约人，因此，选项C、D错误。

综上，本题正确答案为：A、B。

41. 根据合同法及相关规定，下列关于合同变更或者撤销的哪些说法是正确的？

A. 因重大误解订立的合同，当事人一方有权请求人民法院或者仲裁机构变更或者撤销

B. 合同被依法撤销的，该合同自人民法院判决撤销之日起丧失法律约束力

C. 具有撤销权的当事人自知道或者应当知道撤销事由之日起1年内没有行使撤销权的，撤销权消灭

D. 当事人请求变更的，人民法院可以撤销

【答案】AC

【知识点】可变更、可撤销的合同

【解析】《合同法》第五十四条第一款规定，下列合同，当事人一方有权请求人民法院或者仲裁机构变更或者撤销：（一）因重大误解订立的；（二）在订立合同时显失公平的。因此，选项A正确。《合同法》第五十六条规定，无效的合同或者被撤销的合同自始没有法律约束力。合同部分无效，不影响其他部分效力的，其他部分仍然有效。因此，选项B错误。《合同法》第五十五条规定，有下列情形之一的，撤销权消灭：（一）具有撤销权的当事人自知道或者应当知道撤销事由之日起1年内没有行使撤销权；（二）具有撤销权的当事人知道撤销事由后明确表示或者以自己的行为放弃撤销权。因此，选项C正确。《合同法》第五十四条第三款规定，当事人请求变更的，人民法院或者仲裁机构不得撤销。因此，选项D错误。

综上，本题正确答案为：A、C。

42. 某家具制造商与批发商签订的合同是该家具制造商为了重复使用而预先拟定的合同书，订立合同时并未与该批发商协商相关条款。该合同书中规定，如果因为家具质量原因给消费者造成损害的，家具制造商概不负责。且该责任条款并没有采取合理的方式提请批发商注意。根

据合同法及相关规定，下列哪些说法是正确的？

　　A. 该责任条款是格式条款

　　B. 该责任条款无效

　　C. 该责任条款有效

　　D. 如果家具因为质量原因给消费者造成损害，该家具制造商不负责任

【答案】A B

【知识点】格式条款合同

【解析】《合同法》第三十九条第二款规定，格式条款是当事人为了重复使用而预先拟定，并在订立合同时未与对方协商的条款。该家具制造商与批发商签订的合同是该家具制造商为了重复使用而预先拟定的合同书，订立合同时并未与该批发商协商相关条款，因此，其构成格式条款，选项A正确。《合同法》第四十条规定，格式条款具有该法第五十二条和第五十三条规定情形的，或者提供格式条款一方免除其责任、加重对方责任、排除对方主要权利的，该条款无效。该合同书中规定，如果因为家具质量原因给消费者造成损害的，家具制造商概不负责。这一责任条款无效，选项B正确，选项C、D错误。

　　综上，本题正确答案为：A、B。

43. 根据合同法及相关规定，当事人在订立合同过程中有下列哪些情形给对方造成损失的，应当承担损害赔偿责任？

　　A. 故意提供虚假情况

　　B. 假借订立合同，恶意进行磋商

　　C. 不正当地使用在订立合同过程中知悉的商业秘密

　　D. 泄露在订立合同过程中知悉的商业秘密

【答案】A B C D

【知识点】订立合同过程中的缔约过失责任和保密责任

【解析】《合同法》第四十二条规定，当事人在订立合同过程中有下列情形之一，给对方造成损失的，应当承担损害赔偿责任：（一）假借订立合同，恶意进行磋商；（二）故意隐瞒与订立合同有关的重要事实或者提供虚假情况；（三）有其他违背诚实信用原则的行为。因此，选项A、B正确。《合同法》第四十三条规定，当事人在订立合同过程中知悉的商业秘密，无论合同是否成立，不得泄露或者不正当地使用。泄露或者不正当地使用该商业秘密给对方造成损失的，应当承担损害赔偿责任。因此，选项C、D正确。

　　综上，本题正确答案为：A、B、C、D。

44. 根据合同法及相关规定，债权人代位行使债务人的债权，应当同时符合哪些条件？

　　A. 债权人对债务人的债权合法

　　B. 债务人怠于行使其到期债权，对债权人造成损害

　　C. 债务人的债权已经到期

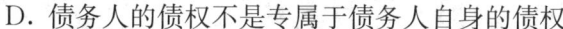

D. 债务人的债权不是专属于债务人自身的债权

【答案】A B C D

【知识点】代位权

【解析】《合同法》第七十三条第一款规定，因债务人怠于行使其到期债权，对债权人造成损害的，债权人可以向人民法院请求以自己的名义代位行使债务人的债权，但该债权专属于债务人自身的除外。《最高人民法院关于适用〈中华人民共和国合同法〉若干问题的解释（一）》第十一条规定，债权人依照《合同法》第七十三条的规定提起代位权诉讼，应当符合下列条件：（一）债权人对债务人的债权合法；（二）债务人怠于行使其到期债权，对债权人造成损害；（三）债务人的债权已到期；（四）债务人的债权不是专属于债务人自身的债权。因此，选项A、B、C、D正确。

综上，本题正确答案为：A、B、C、D。

45. 甲公司和乙公司签订了一份服务器买卖合同。在合同履行期间，甲公司拟将其在合同中的全部权利义务转让给丙公司，根据合同法及相关规定，下列哪些说法是正确的？

   A. 该转让需要经过乙公司同意
   B. 该转让需要通知乙公司，但无需经其同意
   C. 转让后，乙公司有权向丙公司主张其对甲公司的抗辩
   D. 转让后，乙公司不得向丙公司主张其对甲公司的抗辩

【答案】A C

【知识点】债权、债务的转让

【解析】《合同法》第八十八条规定，当事人一方经对方同意，可以将自己在合同中的权利和义务一并转让给第三人，因此选项A正确，选项B错误。《合同法》第八十五条规定，债务人转移义务的，新债务人可以主张原债务人对债权人的抗辩权。因此，选项C正确，选项D错误。

综上，本题正确答案为：A、C。

46. 根据合同法及相关规定，有下列哪些情形的，合同的权利义务终止？

   A. 债务已经按照约定履行
   B. 合同解除
   C. 债务人依法将标的物提存
   D. 债权人免除债务

【答案】A B C D

【知识点】抵销

【解析】《合同法》第九十一条规定，由下列情形之一的，合同的权利义务终止：（一）债务已经按照约定履行；（二）合同解除；（三）债务相互抵销；（四）债务人依法将标的物提存；（五）债权人免除债务；（六）债权债务同归于一人；（七）法律规定或者当事人约定终

止的其他情形。因此，选项A、B、C、D正确。

综上，本题正确答案为：A、B、C、D。

47. 根据合同法及相关规定，下列哪些属于可以并用的违约责任承担方式？
    A. 采取补救措施与赔偿损失
    B. 继续履行与支付违约金
    C. 继续履行与赔偿损失
    D. 双倍返还定金与支付违约金

【答案】ＡＢＣ

【解析】《合同法》第一百一十二条规定，当事人一方不履行合同义务或者履行合同义务不符合约定的，在履行义务或者采取补救措施后，对方还有其他损失的，应当赔偿损失。因此，选项A、C正确。《合同法》第一百一十四条第三款规定，当事人就延迟履行约定违约金的，违约方支付违约金后，还应当履行债务。因此，选项B正确。《合同法》第一百一十六条规定，当事人既约定违约金，又约定定金的，一方违约时，对方可以选择适用违约金或者定金条款。因此，双倍返还定金与支付违约金是选择适用的违约责任承担方式，不能并用，选项D错误。

综上，本题正确答案为：A、B、C。

48. 甲公司委托乙研究所为其开发一种技术，并签订了一份技术开发合同，但双方没有约定技术成果的归属。乙研究所按约定交付了符合要求的技术成果，并随后就该技术成果申请专利，双方发生纠纷。根据合同法及相关规定，下列哪些说法是正确的？
    A. 甲公司享有就该技术成果申请专利的权利
    B. 乙研究所享有就该技术成果申请专利的权利
    C. 如果乙研究所就该技术成果取得专利权，甲公司可以免费实施该专利
    D. 如果乙研究所就该技术成果取得专利权并欲转让该专利权的，甲公司享有以同等条件优先受让的权利

【答案】ＢＣＤ

【知识点】技术开发合同

【解析】《合同法》第三百三十九条规定，委托开发完成的发明创造，除当事人另有约定的以外，申请专利的权利属于研究开发人。研究开发人取得专利权的，委托人可以免费实施该专利。研究开发人转让专利申请权的，委托人享有以同等条件优先受让的权利。因此，选项B、C、D正确，选项A错误。

综上，本题正确答案为：B、C、D。

49. 甲公司委托乙专利代理机构代为处理本公司专利事务，乙专利代理机构根据委托合同收取报酬。根据合同法及相关规定，下列哪些说法是正确的？
    A. 乙机构应当按照甲公司的指示处理委托事务

B. 乙机构应当按照甲公司的要求报告委托事务的处理情况

C. 因乙机构的过错给甲公司造成损失的，甲公司可以要求乙机构赔偿损失

D. 甲公司、乙机构可以随时解除双方之间的委托合同

【答案】A B C D

【知识点】委托合同

【解析】《合同法》第三百九十九条规定，受托人应当按照委托人的指示处理委托事务。需要变更委托人指示的，应当经委托人同意；因情况紧急，难以和委托人取得联系的，受托人应当妥善处理委托事务，但事后应当将该情况及时报告委托人。因此，选项A正确。《合同法》第四百零一条规定，受托人应当按照委托人的要求，报告委托事务的处理情况。委托合同终止时，受托人应当报告委托事务的结果。因此，选项B正确。《合同法》第四百零六条第一款规定，有偿的委托合同，因受托人的过错给委托人造成损失的，委托人可以要求赔偿损失。无偿的委托合同，因受托人的故意或者重大过失给委托人造成损失的，委托人可以要求赔偿损失。因此，选项C正确。《合同法》第四百一十条规定，委托人或者受托人可以随时解除委托合同。因解除合同给对方造成损失的，除不可归责于该当事人的事由以外，应当赔偿损失。因此，选项D正确。

综上，本题正确答案为：A、B、C、D。

50. 根据民事诉讼法及相关规定，下列哪些说法是正确的？

A. 民事诉讼应当遵循诚实信用原则

B. 人民法院审理民事案件时，当事人有权进行辩论

C. 人民检察院有权对民事诉讼实行法律监督

D. 当事人有权在法律规定的范围内处分自己的民事权利和诉讼权利

【答案】A B C D

【知识点】民事诉讼法的基本原则

【解析】《民事诉讼法》第十三条规定，民事诉讼应当遵循诚实信用原则。当事人有权在法律规定的范围内处分自己的民事权利和诉讼权利。这就是民事诉讼法的诚实信用原则和处分原则。因此，选项A、D正确。《民事诉讼法》第十二条规定，人民法院审理民事案件时，当事人有权进行辩论。这就是民事诉讼法的辩论原则。因此，选项B正确。《民事诉讼法》第十四条规定，人民检察院有权对民事诉讼实行法律监督。这就是民事诉讼法的监督原则。因此，选项C正确。

综上，本题正确答案为：A、B、C、D。

51. 根据民事诉讼法及相关规定，因侵权行为提起的民事诉讼，下列哪些人民法院有管辖权？

A. 原告住所地人民法院

B. 侵权行为实施地人民法院

C. 侵权结果发生地人民法院

D. 被告住所地人民法院

【答案】ＢＣＤ

【知识点】民事诉讼的管辖

【解析】《民事诉讼法》第二十八条规定，因侵权行为提起的诉讼，由侵权行为地或者被告住所地人民法院管辖。《最高人民法院关于适用〈中华人民共和国民事诉讼法〉的解释》第二十四条规定，《民事诉讼法》第二十八条规定的侵权行为地，包括侵权行为实施地、侵权结果发生地。因此，选项B、C、D正确，选项A错误。

综上，本题正确答案为：B、C、D。

52. 根据民事诉讼法及相关规定，对于两个以上人民法院都有管辖权的诉讼，下列哪些说法是正确的？

  A. 先立案的人民法院不得将案件移送给另一个有管辖权的人民法院

  B. 人民法院在立案前发现其他有管辖权的人民法院已先立案的，不得重复立案

  C. 人民法院在立案后发现其他有管辖权的人民法院已先立案的，裁定将案件移送给先立案的人民法院

  D. 人民法院在立案后发现其他有管辖权的人民法院已先立案的，应依法报请上级法院指定管辖

【答案】ＡＢＣ

【知识点】移送管辖和指定管辖

【解析】《最高人民法院关于适用〈中华人民共和国民事诉讼法〉的解释》第三十六条规定，两个以上人民法院都有管辖权的诉讼，先立案的人民法院不得将案件移送给另一个有管辖权的人民法院。人民法院在立案前发现其他有管辖权的人民法院已先立案的，不得重复立案；立案后发现其他有管辖权的人民法院已先立案的，裁定将案件移送给先立案的人民法院。因此，选项A、B、C正确，选项D错误。

综上，本题正确答案为：A、B、C。

53. 根据民事诉讼法及相关规定，审判人员存在下列哪些情形，当事人有权申请或者要求他们回避？

  A. 是本案诉讼代理人的近亲属的

  B. 接受本案诉讼代理人请客送礼的

  C. 曾经在另一案件中对同一当事人做出不利裁判的

  D. 违反规定会见本案诉讼代理人的

【答案】ＡＢＤ

【知识点】回避制度

【解析】《民事诉讼法》第四十四条第一款和第二款规定，审判人员有下列情形之一的，

应当自行回避，当事人有权用口头或者书面方式申请他们回避：（一）是本案当事人或者当事人、诉讼代理人近亲属的；（二）与本案有利害关系的；（三）与本案当事人、诉讼代理人有其他关系，可能影响对案件公正审理的。审判人员接受当事人、诉讼代理人请客送礼，或者违反规定会见当事人、诉讼代理人的，当事人有权要求他们回避。因此，选项A、B、D正确，选项C错误。

综上，本题正确答案为：A、B、D。

54. 根据民事诉讼法及相关规定，下列关于具有专门知识的人出庭的哪些说法是正确的？
   A. 人民法院可以对出庭的具有专门知识的人进行询问
   B. 经法庭准许，当事人可以对出庭的具有专门知识的人进行询问
   C. 经法庭准许，当事人各自申请的具有专门知识的人可以就案件中的有关问题进行对质
   D. 具有专门知识的人可以参与专业问题之外的法庭审理活动

【答案】A B C
【知识点】有专门知识的人出庭
【解析】《最高人民法院关于适用〈中华人民共和国民事诉讼法〉的解释》第一百二十三条规定，人民法院可以对出庭的具有专门知识的人进行询问。经法庭准许，当事人可以对出庭的具有专门知识的人进行询问，当事人各自申请的具有专门知识的人可以就案件中的有关问题进行对质。具有专门知识的人不得参与专业问题之外的法庭审理活动。因此，选项A、B、C正确，选项D错误。

综上，本题正确答案为：A、B、C。

55. 根据民事诉讼法及相关规定，下列哪些属于有关社会团体推荐公民担任诉讼代理人应当符合的条件？
   A. 社会团体属于依法登记设立或者依法免予登记设立的非营利性法人组织
   B. 被代理人属于该社会团体的成员，或者当事人一方住所地位于该社会团体的活动地域
   C. 代理事务属于该社会团体章程载明的业务范围
   D. 被推荐的公民是该社会团体的负责人或者与该社会团体有合法劳动人事关系的工作人员

【答案】A B C D
【知识点】诉讼代理人
【解析】《最高人民法院关于适用〈中华人民共和国民事诉讼法〉的解释》第八十七条第一款规定，根据《民事诉讼法》第五十八条第二款第三项规定，有关社会团体推荐公民担任诉讼代理人的，应当符合下列条件：（一）社会团体属于依法登记设立或者依法免予登记设立的非营利性法人组织；（二）被代理人属于该社会团体的成员，或者当事人一方住所地位于该社会团体的活动地域；（三）代理事务属于该社会团体章程载明的业务范围；（四）被推荐的公民是该社会团体的负责人或者与该社会团体有合法劳动人事关系的工作人员。因此，

选项A、B、C、D正确。

综上，本题正确答案为：A、B、C、D。

56. 根据民事诉讼法及相关规定，下列关于民事诉讼第一审普通程序的哪些说法是正确的？
    A. 人民法院受理案件后，当事人对管辖权有异议的，应当在提交答辩状期间提出
    B. 被告不提出答辩状的，人民法院应当裁定终止诉讼
    C. 被告经传票传唤，无正当理由拒不到庭的，可以缺席判决
    D. 原告在宣判前申请撤诉的，是否准许，由人民法院裁定

【答案】ACD

【知识点】民事诉讼第一审普通程序

【解析】《民事诉讼法》第一百二十七条第一款规定，人民法院受理案件后，当事人对管辖权有异议的，应当在提交答辩状期间提出。人民法院对当事人提出的异议，应当审查。异议成立的，裁定将案件移送有管辖权的人民法院；异议不成立的，裁定驳回。因此，选项A正确。《民事诉讼法》第一百二十五条第二款规定，被告不提出答辩状的，不影响人民法院审理。因此，选项B错误。《民事诉讼法》第一百四十四条规定，被告经传票传唤，无正当理由拒不到庭的，或者未经法庭许可中途退庭的，可以缺席判决。因此，选项C正确。《民事诉讼法》第一百四十五条第一款规定，宣判前，原告申请撤诉的，是否准许，由人民法院裁定。因此，选项D正确。

综上，本题正确答案为：A、C、D。

57. 根据民事诉讼法及相关规定，下列关于民事诉讼第二审程序的哪些说法是正确的？
    A. 第二审人民法院审理上诉案件，可以进行调解
    B. 第二审人民法院审理上诉案件，不得进行调解
    C. 第二审人民法院的判决、裁定，是终审的判决、裁定
    D. 第二审人民法院审理上诉案件，可以到案件发生地进行

【答案】ACD

【知识点】民事诉讼第二审程序

【解析】《民事诉讼法》第一百七十二条规定，第二审人民法院审理上诉案件，可以进行调解。因此，选项A正确，选项B错误。《民事诉讼法》第一百七十五条规定，第二审人民法院的判决、裁定，是终审的判决、裁定。因此，选项C正确。《民事诉讼法》第一百六十九条第二款规定，第二审人民法院审理上诉案件，可以在本院进行，也可以到案件发生地或者原审人民法院所在地进行。因此，选项D正确。

综上，本题正确答案为：A、C、D。

58. 根据民事诉讼法及相关规定，下列哪些情形下中止诉讼？
    A. 一方当事人丧失诉讼行为能力，尚未确定法定代理人的

B. 本案必须以另一案的审理结果为依据，而另一案尚未审结的

C. 一方当事人因不可抗拒的事由，不能参加诉讼的

D. 解除收养关系案件的一方当事人死亡的

【答案】ＡＢＣ

【知识点】诉讼中止　诉讼终结

【解析】《民事诉讼法》第一百五十条第一款规定，有下列情形之一的，中止诉讼：（一）一方当事人死亡，需要等待继承人表明是否参加诉讼的；（二）一方当事人丧失诉讼行为能力，尚未确定法定代理人的；（三）作为一方当事人的法人或者其他组织终止，尚未确定权利义务承受人的；（四）一方当事人因不可抗拒的事由，不能参加诉讼的；（五）本案必须以另一案的审理结果为依据，而另一案尚未审结的；（六）其他应当中止诉讼的情形。因此，选项Ａ、Ｂ、Ｃ正确。《民事诉讼法》第一百五十一条规定，有下列情形之一的，终结诉讼：（一）原告死亡，没有继承人，或者继承人放弃诉讼权利的；（二）被告死亡，没有遗产，也没有应当承担义务的人的；（三）离婚案件一方当事人死亡的；（四）追索赡养费、扶养费、抚育费以及解除收养关系案件的一方当事人死亡的。选项Ｄ是诉讼终结的情形，因此，选项Ｄ错误。

综上，本题正确答案为：Ａ、Ｂ、Ｃ。

59. 根据民事诉讼法及相关规定，下列关于民事诉讼审判监督程序的哪些说法是正确的？

A. 当事人对已经发生法律效力的裁定，认为有错误的，可以向上一级人民法院申请再审

B. 当事人对已经发生法律效力的调解书，提出证据证明调解违反自愿原则的，可以申请再审

C. 当事人对已经发生法律效力的解除婚姻关系的判决，不得申请再审

D. 当事人申请再审的，应当停止判决、裁定的执行

【答案】ＡＢＣ

【知识点】审判监督程序

【解析】《民事诉讼法》第一百九十九条规定，当事人对已经发生法律效力的判决、裁定，认为有错误的，可以向上一级人民法院申请再审；当事人一方人数众多或者当事人双方为公民的案件，也可以向原审人民法院申请再审。当事人申请再审的，不停止判决、裁定的执行。因此，选项Ａ正确，选项Ｄ错误。《民事诉讼法》第二百零一条规定，当事人对已经发生法律效力的调解书，提出证据证明调解违反自愿原则或者调解协议的内容违反法律的，可以申请再审。经人民法院审查属实的，应当再审。因此，选项Ｂ正确。《民事诉讼法》第二百零二条规定，当事人对已经发生法律效力的解除婚姻关系的判决、调解书，不得申请再审。因此，选项Ｃ正确。

综上，本题正确答案为：Ａ、Ｂ、Ｃ。

60. 根据行政复议法及相关规定，下列哪些情形可以申请行政复议？

A. 张某对某行政机关对其作出的罚款决定不服的

B. 公务员王某不服其所在行政机关对其作出的撤职处分决定的

C. 李某对某行政机关对其作出的扣押财产决定不服的

D. 赵某对某行政机关对其作出的行政拘留决定不服的

【答案】ACD

【知识点】行政复议的受案范围

【解析】《行政复议法》第六条规定，有下列情形之一的，公民、法人或者其他组织可以依照该法申请行政复议：（一）对行政机关作出的警告、罚款、没收违法所得、没收非法财物、责令停产停业、暂扣或者吊销许可证、暂扣或者吊销执照、行政拘留等行政处罚决定不服的；（二）对行政机关作出的限制人身自由或者查封、扣押、冻结财产等行政强制措施决定不服的；（三）对行政机关作出的有关许可证、执照、资质证、资格证等证书变更、中止、撤销的决定不服的；（四）对行政机关作出的关于确认土地、矿藏、水流、森林、山岭、草原、荒地、滩涂、海域等自然资源的所有权或者使用权的决定不服的；（五）认为行政机关侵犯合法的经营自主权的；（六）认为行政机关变更或者废止农业承包合同，侵犯其合法权益的；（七）认为行政机关违法集资、征收财物、摊派费用或者违法要求履行其他义务的；（八）认为符合法定条件，申请行政机关颁发许可证、执照、资质证、资格证等证书，或者申请行政机关审批、登记有关事项，行政机关没有依法办理的；（九）申请行政机关履行保护人身权利、财产权利、受教育权利的法定职责，行政机关没有依法履行的；（十）申请行政机关依法发放抚恤金、社会保险金或者最低生活保障费，行政机关没有依法发放的；（十一）认为行政机关的其他具体行政行为侵犯其合法权益的。选项A、D的情形符合上述第（一）项的规定，选项C的情形符合上述第（二）项的规定，因此，选项A、C、D正确。《行政复议法》第八条第一款规定，不服行政机关作出的行政处分或者其他人事处理决定的，依照有关法律、行政法规的规定提出申诉。因此，选项B错误。

综上，本题正确答案为：A、C、D。

61. 下列关于行政复议和行政诉讼的说法哪些是正确的？

A. 公民、法人或者其他组织对行政复议决定不服的，可以依法向人民法院提起行政诉讼，但是法律规定行政复议决定为最终裁决的除外

B. 人民法院审理行政诉讼案件、行政复议机关受理行政复议申请都应当向申请人收取费用

C. 行政诉讼和行政复议都只对具体行政行为是否合法进行审查

D. 公民、法人或者其他组织向人民法院提起行政诉讼，人民法院已经依法受理的，不得申请行政复议

【答案】AD

【知识点】行政诉讼与行政复议的区别

【解析】《行政复议法》第五条的规定，公民、法人或者其他组织对行政复议决定不服的，可以依照行政诉讼法的规定向人民法院提起行政诉讼，但是法律规定行政复议决定为最

终裁决的除外。因此，选项 A 正确。根据《行政诉讼法》第一百零二条的规定，人民法院审理行政案件，应当收取诉讼费用。诉讼费用由败诉方承担，双方都有责任的由双方分担。收取诉讼费用的具体办法另行规定。根据《行政复议法》第三十九条的规定，行政复议机关受理行政复议申请，不得向申请人收取任何费用。因此，选项 B 错误。《行政诉讼法》第六条规定，人民法院审理行政案件，对行政行为是否合法进行审查。《行政复议法》第七条第一款规定，公民、法人或者其他组织认为行政机关的具体行政行为所依据的下列规定不合法，在对具体行政行为申请行政复议时，可以一并向行政复议机关提出对该规定的审查申请：（一）国务院部门的规定；（二）县级以上地方各级人民政府及其工作部门的规定；（三）乡、镇人民政府的规定。同时，根据《行政复议法》第三条的规定，行政复议机关的职责包括：审查申请行政复议的具体行政行为是否合法与适当、处理或者转送对该法第七条所列有关规定的审查申请。因此，行政复议的对象除具体行政行为外，还包括抽象行政行为，并且对具体行政行为是否适当也进行审查。因此，选项 C 错误。《行政复议法》第十六条第二款规定，公民、法人或者其他组织向人民法院提起行政诉讼，人民法院已经依法受理的，不得申请行政复议。故选项 D 正确。

综上，本题正确答案为：A、D。

62. 某专利申请人对国家知识产权局不予受理其申请的决定不服，根据行政复议法及相关规定，他可以通过下列哪些途径寻求救济？

　　A. 向国家知识产权局申请行政复议
　　B. 向国务院申请行政复议
　　C. 依法申请行政复议后，对复议决定仍然不服的，可以向人民法院起诉
　　D. 依法申请行政复议后，对复议决定仍然不服的，可以向国务院申请最终裁决

【答案】ACD

【知识点】行政复议的受理机关

【解析】《行政复议法》第十四条规定，对国务院部门或者省、自治区、直辖市人民政府的具体行政行为不服的，向作出该具体行政行为的国务院部门或者省、自治区、直辖市人民政府申请行政复议。对行政复议决定不服的，可以向人民法院提起行政诉讼；也可以向国务院申请裁决，国务院依照该法的规定作出最终裁决。因此，对国务院部门的具体行政行为不服的，向作出该具体行政行为的国务院部门申请行政复议，选项 A 正确，选项 B 错误。对行政复议决定不服的，可以向人民法院提起行政诉讼；也可以向国务院申请裁决，因此，选项 C、D 正确。

综上，本题正确答案为：A、C、D。

63. 根据行政复议法及相关规定，下列关于行政复议受理机关的哪些说法是正确的？

　　A. 对县交通局的具体行政行为不服的，可以向上一级主管部门申请行政复议
　　B. 对县交通局的具体行政行为不服的，可以向该县人民政府申请行政复议

C. 对海关的具体行政行为不服的，应当向本级人民政府申请行政复议

D. 对海关的具体行政行为不服的，应当向上一级主管部门申请行政复议

【答案】ABD

【知识点】行政复议的受理机关

【解析】《行政复议法》第十二条规定，对县级以上地方各级人民政府工作部门的具体行政行为不服的，由申请人选择，可以向该部门的本级人民政府申请行政复议，也可以向上一级主管部门申请行政复议。对海关、金融、国税、外汇管理等实行垂直领导的行政机关和国家安全机关的具体行政行为不服的，向上一级主管部门申请行政复议。因为对县级以上地方各级人民政府工作部门的具体行政行为不服的，可以向该部门的本级人民政府申请行政复议，也可以向上一级主管部门申请行政复议，所以选项A、B正确。因为对实行垂直领导的行政机关的具体行政行为不服的，应当向上一级主管部门申请行政复议，因此，选项D正确，选项C错误。

综上，本题正确答案为：A、B、D。

64. 根据行政复议法及相关规定，具体行政行为具有下列哪些情形的，行政复议机关可以决定撤销、变更该具体行政行为或者确认该具体行政行为违法？

A. 主要事实不清、证据不足的

B. 违反法定程序的

C. 滥用职权的

D. 具体行政行为明显不当的

【答案】ABCD

【知识点】行政复议决定的种类和效力

【解析】《行政复议法》第二十八条规定，行政复议机关负责法制工作的机构应当对被申请人作出的具体行政行为进行审查，提出意见，经行政复议机关的负责人同意或者集体讨论通过后，按照下列规定作出行政复议决定：（一）具体行政行为认定事实清楚，证据确凿，适用依据明确，程序合法，内容适当的，决定维持；（二）被申请人不履行法定职责的，决定其在一定期限内履行；（三）具体行政行为有下列情形之一的，决定撤销、变更该具体行政行为或者确认该具体行政行为违法；决定撤销、变更该具体行政行为或者确认该具体行政行为违法的，可以责令被申请人在一定期限内重新作出具体行政行为：1.主要事实不清、证据不足的；2.适用依据错误的；3.违反法定程序的；4.超越或者滥用职权的；5.具体行政行为明显不当的。（四）被申请人不按照该法第二十三条的规定提出书面答复、提交当初作出具体行政行为的证据、依据和其他有关材料的，视为该具体行政行为没有证据、依据，决定撤销该具体行政行为。行政复议机关责令被申请人重新作出具体行政行为的，被申请人不得以同一的事实和理由作出与原具体行政行为相同或者基本相同的具体行政行为。因此，选项A、B、C、D正确。

综上，本题正确答案为：A、B、C、D。

65. 根据行政复议法及相关规定，下列关于行政复议的审理哪些说法是正确的？

 A. 行政复议原则上采取书面审查

 B. 行政复议原则上采取开庭的方式审查

 C. 行政复议机关认为有必要时，可以听取申请人、被申请人和第三人的意见

 D. 行政复议机关认为有必要时，可以向有关组织和人员调查情况

【答案】ACD

【知识点】行政复议的审理

【解析】《行政复议法》第二十二条规定，行政复议原则上采取书面审查的办法，但是申请人提出要求或者行政复议机关负责法制工作的机构认为有必要时，可以向有关组织和人员调查情况，听取申请人、被申请人和第三人的意见。行政复议原则上采取书面审查的办法，因此，选项A、C、D正确，选项B错误。

综上，本题正确答案为：A、C、D。

66. 根据行政诉讼法及相关规定，下列哪些说法是正确的？

 A. 人民法院审理行政案件，以事实为依据，以法律为准绳

 B. 人民法院审理行政案件，对行政行为是否合理进行审查

 C. 人民检察院有权对行政诉讼实行法律监督

 D. 当事人在行政诉讼中有权进行辩论

【答案】ACD

【知识点】行政诉讼法的基本原则

【解析】《行政诉讼法》第五条规定，人民法院审理行政案件，以事实为根据，以法律为准绳。因此，选项A正确。《行政诉讼法》第六条规定，人民法院审理行政案件，对行政行为是否合法进行审查。因此，选项B错误。《行政诉讼法》第四条第一款规定，人民法院依法对行政案件独立行使审判权，不受行政机关、社会团体和个人的干涉。《行政诉讼法》第十一条规定，人民检察院有权对行政诉讼实行法律监督。因此，选项C正确。《行政诉讼法》第十条规定，当事人在行政诉讼中有权进行辩论。因此，选项D正确。

综上，本题正确答案为：A、C、D。

67. 根据行政诉讼法及相关规定，公民、法人或者其他组织对下列哪些事项可以提起行政诉讼？

 A. 对行政机关制定、发布的具有普遍约束力的命令不服的

 B. 对限制人身自由的行政强制措施不服的

 C. 对行政拘留的行政处罚不服的

 D. 对行政机关就其工作人员的任免作出的决定不服的

【答案】BC

【知识点】行政诉讼的受案范围、排除范围

【解析】《行政诉讼法》第十三条规定，人民法院不受理公民、法人或者其他组织对下列事项提起的诉讼：（一）国防、外交等国家行为；（二）行政法规、规章或者行政机关制定、发布的具有普遍约束力的决定、命令；（三）行政机关对行政机关工作人员的奖惩、任免等决定；（四）法律规定由行政机关最终裁决的具体行政行为。选项A属于上述第（二）项情况，选项D属于上述第（三）项情况，因此，选项A、D错误。《行政诉讼法》第十二条第一款规定，人民法院受理公民、法人和其他组织提起的下列诉讼：（一）对行政拘留、暂扣或者吊销许可证和执照、责令停产停业、没收违法所得、没收非法财物、罚款、警告等行政处罚不服的；（二）对限制人身自由或者对财产的查封、扣押、冻结等行政强制措施和行政强制执行不服的；（三）申请行政许可，行政机关拒绝或者在法定期限内不予答复，或者对行政机关作出的有关行政许可的其他决定不服的；（四）对行政机关作出的关于确认土地、矿藏、水流、森林、山岭、草原、荒地、滩涂、海域等自然资源的所有权或者使用权的决定不服的；（五）对征收、征用决定及其补偿决定不服的；（六）申请行政机关履行保护人身权、财产权等合法权益的法定职责，行政机关拒绝履行或者不予答复的；（七）认为行政机关侵犯其经营自主权或者农村土地承包经营权、农村土地经营权的；（八）认为行政机关滥用权力排除或者限制竞争的；（九）认为行政机关违法集资、摊派费用或者违法要求履行其他义务的；（十）认为行政机关没有依法发给抚恤金、最低生活保障待遇或者社会保险待遇的；（十一）认为行政机关不依法履行、未按照约定履行或者违法变更、解除政府特许经营协议、土地房屋征收补偿协议等协议的；（十二）认为行政机关侵犯其他人身权、财产权等合法权益的。选项B属于第（二）项的情形，选项C属于第（一）项的情形，因此，选项B、C正确。

综上，本题正确答案为：B、C

68. 根据行政诉讼法及相关规定，下列关于行政诉讼管辖的说法哪些是正确的？
A. 行政案件由最初作出行政行为的行政机关所在地人民法院管辖
B. 经复议的行政案件，可以由复议机关所在地人民法院管辖
C. 海关处理的行政案件，一审由基层人民法院管辖
D. 对国务院部门所作的行政行为提起诉讼的案件一审由中级人民法院管辖

【答案】ABD
【知识点】行政诉讼的地域管辖 级别管辖
【解析】《行政诉讼法》第十八条第一款规定，行政案件由最初作出行政行为的行政机关所在地人民法院管辖。经复议的案件，也可以由复议机关所在地人民法院管辖。因此，选项A、B正确。《行政诉讼法》第十五条规定，中级人民法院管辖下列第一审行政案件：（一）对国务院部门或者县级以上地方人民政府所作的行政行为提起诉讼的案件；（二）海关处理的案件；（三）本辖区内重大、复杂的案件；（四）其他法律规定由中级人民法院管辖的案件。因此，选项C错误，选项D正确。

综上，本题正确答案为：A、B、D。

69. 根据行政诉讼法及相关规定，下列关于行政诉讼被告的哪些说法是正确的？
　　A. 经复议的行政案件，复议机关决定维持原行政行为的，作出原行政行为的行政机关和复议机关是共同被告
　　B. 经复议的行政案件，复议机关改变原行政行为的，复议机关是被告
　　C. 两个以上行政机关共同作出同一行政行为的，其共同上级机关是被告
　　D. 行政机关委托的组织所作的行政行为，委托的行政机关是被告

【答案】A B D
【知识点】行政诉讼被告
【解析】《行政诉讼法》第二十六条第二款规定，经复议的案件，复议机关决定维持原行政行为的，作出原行政行为的行政机关和复议机关是共同被告；复议机关改变原行政行为的，复议机关是被告。因此，选项A、B正确。《行政诉讼法》第二十六条第四款规定，两个以上行政机关作出同一行政行为的，共同作出行政行为的行政机关是共同被告。因此，选项C错误。《行政诉讼法》第二十六条第五款规定，行政机关委托的组织所作的行政行为，委托的行政机关是被告。因此，选项D正确。

　　综上，本题正确答案为：A、B、D。

70. 江某对某行政机关作出的行政处罚决定不服，向人民法院提起行政诉讼。江某认为本案书记员张某、审判员李某与该行政机关有利益关系可能会影响公正审判。根据行政诉讼法及相关规定，下列哪些说法是正确的？
　　A. 江某有权申请李某回避
　　B. 江某无权申请张某回避
　　C. 李某的回避，由院长决定
　　D. 李某的回避，由审判长决定

【答案】A C
【知识点】回避制度
【解析】《行政诉讼法》第五十五条规定，当事人认为审判人员与本案有利害关系或者有其他关系可能影响公正审判，有权申请审判人员回避。审判人员认为自己与本案有利害关系或者有其他关系，应当申请回避。前两款规定，适用于书记员、翻译人员、鉴定人、勘验人。院长担任审判长时的回避，由审判委员会决定；审判人员的回避，由院长决定；其他人员的回避，由审判长决定。当事人对决定不服的，可以申请复议一次。当事人江某认为审判人员李某与该行政机关有利益关系可能会影响公正审判，可以申请其回避，选项A正确。由于申请回避的规定适用于书记员，因此江某有权申请张某回避，选项B错误。审判人员李某的回避应当由院长决定，因此选项C正确，选项D错误。

　　综上，本题正确答案为：A、C。

71. 根据行政诉讼法及其相关规定，下列哪些可以作为行政诉讼证据？

　　A. 视听资料

　　B. 电子数据

　　C. 鉴定意见

　　D. 现场笔录

【答案】A B C D

【知识点】行政诉讼证据的种类

【解析】《行政诉讼法》第三十三条第一款规定，证据包括：（一）书证；（二）物证；（三）视听资料；（四）电子数据；（五）证人证言；（六）当事人的陈述；（七）鉴定意见；（八）勘验笔录、现场笔录。因此，选项A、B、C、D正确。

　　综上，本题正确答案为：A、B、C、D。

72. 根据行政诉讼法及相关规定，行政行为有下列哪些情形的，人民法院判决撤销或者部分撤销，并可以判决被告重新作出行政行为？

　　A. 主要证据不足的

　　B. 适用法律、法规错误的

　　C. 行政程序轻微违法，但对原告权利不产生实际影响的

　　D. 明显不当的

【答案】A B D

【知识点】撤销判决

【解析】《行政诉讼法》第七十条规定，行政行为有下列情形之一的，人民法院判决撤销或者部分撤销，并可以判决被告重新作出行政行为：（一）主要证据不足的；（二）适用法律、法规错误的；（三）违反法定程序的；（四）超越职权的；（五）滥用职权的；（六）明显不当的。选项A、B、D分别符合上述第（一）、（二）、（六）项规定的情形，选项A、B、D正确。《行政诉讼法》第七十四条第一款规定，行政行为有下列情形之一的，人民法院判决确认违法，但不撤销行政行为：……（二）行政程序轻微违法，但对原告权利不产生实际影响的。……因此，选项C错误。

　　综上，本题正确答案为：A、B、D。

73. 根据行政诉讼法及相关规定，下列关于审判监督程序的哪些说法是正确的？

　　A. 地方各级人民检察院发现同级人民法院已经发生法律效力的判决遗漏诉讼请求的，可以向同级人民法院提出抗诉

　　B. 地方各级人民检察院发现同级人民法院已经发生法律效力的判决遗漏诉讼请求的，可以提请上级人民检察院向同级人民法院提出抗诉

　　C. 上级人民检察院发现下级人民法院已经发生法律效力的判决遗漏诉讼请求的，应当提出抗诉

D. 最高人民检察院发现各级人民法院已经发生法律效力的判决遗漏诉讼请求的，应当提出抗诉

【答案】ＢＣＤ

【知识点】行政诉讼的审判监督程序

【解析】《行政诉讼法》第九十三条第一款规定，最高人民检察院对各级人民法院已经发生法律效力的判决、裁定，上级人民检察院对下级人民法院已经发生法律效力的判决、裁定，发现有该法第九十一条规定情形之一，或者发现调解书损害国家利益、社会公共利益的，应当提出抗诉。《行政诉讼法》第九十一条规定，当事人的申请符合下列情形之一的，人民法院应当再审：……（六）原判决、裁定遗漏诉讼请求的；……因此，选项Ｃ、Ｄ正确。《行政诉讼法》第九十三条第二款规定，地方各级人民检察院对同级人民法院已经发生法律效力的判决、裁定，发现有该法第九十一条规定情形之一，或者发现调解书损害国家利益、社会公共利益的，可以向同级人民法院提出检察建议，并报上级检察院备案；也可以提请上级人民检察院向同级人民法院提出抗诉。因此，选项Ａ错误，选项Ｂ正确。

综上，本题正确答案为：Ｂ、Ｃ、Ｄ。

74. 根据著作权法及相关规定，下列哪些属于我国著作权法保护的客体？

A. 某专利审查员发表的关于如何答复审查意见通知书的论文
B. 某法律的官方正式英文译文
C. 通过互联网发布的时事新闻
D. 某艺术家表演的杂技艺术

【答案】ＡＤ

【知识点】著作权法不予保护的客体

【解析】《著作权法》第五条规定，该法不适用于：（一）法律、法规，国家机关的决议、决定、命令和其他具有立法、行政、司法性质的文件，及其官方正式译文；（二）时事新闻；（三）历法、通用数表、通用表格和公式。选项Ｂ是法律的官方正式译文，选项Ｃ是时事新闻，都不是我国《著作权法》的保护客体。《著作权法》第三条规定，该法所称的作品，包括以下列形式创作的文学、艺术和自然科学、社会科学、工程技术等作品：（一）文字作品；（二）口述作品；（三）音乐、戏剧、曲艺、舞蹈、杂技艺术作品；（四）美术、建筑作品；（五）摄影作品；（六）电影作品和以类似摄制电影的方法创作的作品；（七）工程设计图、产品设计图、地图、示意图等图形作品和模型作品；（八）计算机软件；（九）法律、行政法规规定的其他作品。选项Ａ属于文字作品，选项Ｄ属于杂技艺术作品，是我国《著作权法》的保护客体。

综上，本题正确答案为：Ａ、Ｄ。

75. 根据著作权法及相关规定，下列关于著作人身权的哪些说法是正确的？

A. 署名权是表明作者身份，在作品上署名的权利

B. 修改权是修改或者授权他人修改作品的权利

C. 作者死亡后，有继承人的，署名权由其继承人继承

D. 作者死亡后，有继承人的，修改权由其继承人保护

【答案】A B D

【知识点】著作人身权

【解析】《著作权法》第十条第一款规定，著作权包括下列人身权和财产权：（一）发表权，即决定作品是否公之于众的权利；（二）署名权，即表明作者身份，在作品上署名的权利；（三）修改权，即修改或者授权他人修改作品的权利；（四）保护作品完整权，即保护作品不受歪曲、篡改的权利；……因此，选项A、B正确。《著作权法》第十九条第一款规定，著作权属于公民的，公民死亡后，其该法第十条第一款第（五）项至第（十七）项规定的权利在该法规定的保护期内，依照继承法的规定转移。署名权是专属于著原始作权人的著作人身权，不可以继承，因此，选项C错误。《著作权法实施条例》第十五条第一款规定，作者死亡后，其著作权中的署名权、修改权和保护作品完整权由作者的继承人或者受遗赠人保护。因此，选项D正确。

综上，本题正确答案为：A、B、D。

76. 根据著作权法及相关规定，作者的下列哪些权利的保护期不受限制？

A. 发表权

B. 署名权

C. 修改权

D. 保护作品完整权

【答案】B C D

【知识点】著作权的保护期

【解析】《著作权法》第二十条规定，作者的署名权、修改权、保护作品完整权的保护期不受限制。因此，选项B、C、D正确。《著作权法》第二十一条规定，公民的作品，其发表权、该法第十条第一款第（五）项至第（十七）项规定的权利的保护期为作者终生及其死亡后五十年，截止于作者死亡后第五十年的12月31日；如果是合作作品，截止于最后死亡的作者死亡后第五十年的12月31日。法人或者其他组织的作品、著作权（署名权除外）由法人或者其他组织享有的职务作品，其发表权、该法第十条第一款第（五）项至第（十七）项规定的权利的保护期为五十年，截止于作品首次发表后第五十年的12月31日，但作品自创作完成后五十年内未发表的，该法不再保护。电影作品和以类似摄制电影的方法创作的作品、摄影作品，其发表权、该法第十条第一款第（五）项至第（十七）项规定的权利的保护期为五十年，截止于作品首次发表后第五十年的12月31日，但作品自创作完成后五十年内未发表的，该法不再保护。因此，发表权的保护期限具有明确限制，选项A错误。

综上，本题正确答案为：B、C、D。

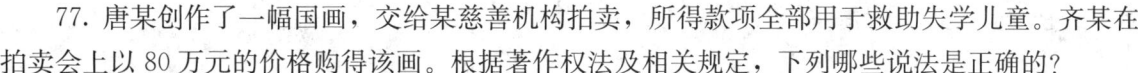

77. 唐某创作了一幅国画，交给某慈善机构拍卖，所得款项全部用于救助失学儿童。齐某在拍卖会上以80万元的价格购得该画。根据著作权法及相关规定，下列哪些说法是正确的？

  A. 齐某享有该画的复制权

  B. 齐某享有该画原件的所有权

  C. 齐某享有该画原件的展览权

  D. 齐某享有该画的发表权

【答案】BC

【知识点】原件所有权转移的作品著作权归属

【解析】《著作权法》第十一条第一款规定，著作权属于作者，该法另有规定的除外。《著作权法》第十八条规定，美术等作品原件所有权的转移，不视为作品著作权的转移，但美术作品原件的展览权由原件所有人享有。唐某创作了该幅国画，美术作品原件所有权转移不视为作品著作权转移，因此，唐某享有该画的著作权，齐某并不享有复制权、发表权等著作权，因此，选项A、D错误。由于美术作品原件的展览权由原件所有人享有，因此，选项B、C正确。

  综上，本题正确答案为：B、C。

78. 根据著作权法及相关规定，下列哪些属于表演者对其表演享有的权利？

  A. 表明表演者身份

  B. 保护表演形象不受歪曲

  C. 许可他人从现场直播和公开传送其现场表演，并获得报酬

  D. 许可他人出租录有其表演的录音录像制品，并获得报酬

【答案】ABC

【知识点】表演者权

【解析】《著作权法》第三十八条第一款规定，表演者对其表演享有下列权利：（一）表明表演者身份；（二）保护表演形象不受歪曲；（三）许可他人从现场直播和公开传送其现场表演，并获得报酬；（四）许可他人录音录像，并获得报酬；（五）许可他人复制、发行录有其表演的录音录像制品，并获得报酬；（六）许可他人通过信息网络向公众传播其表演，并获得报酬。因此，选项A、B、C正确。《著作权法》第四十二条第一款规定，录音录像制作者对其制作的录音录像制品，享有许可他人复制、发行、出租、通过信息网络向公众传播并获得报酬的权利；权利的保护期为五十年，截止于该制品首次制作完成后第五十年的12月31日。因此，许可他人出租录有其表演的录音录像制品并获得报酬是录音录像制作者享有的权利，选项D错误。

  综上，本题正确答案为：A、B、C。

79. 根据著作权法及相关规定，因侵犯著作权行为提起的民事诉讼，可以由哪些人民法院管辖？

  A. 侵权行为的实施地人民法院

B. 侵权复制品储藏地人民法院

C. 侵权复制品查封扣押地人民法院

D. 被告住所地人民法院

【答案】ABCD

【知识点】著作权侵权纠纷的管辖

【解析】《最高人民法院关于审理著作权民事纠纷案件适用法律若干问题的解释》第四条规定，因侵犯著作权行为提起的民事诉讼，由《著作权法》第四十六条、第四十七条所规定侵权行为的实施地、侵权复制品储藏地或者查封扣押地、被告住所地人民法院管辖。前款规定的侵权复制品储藏地，是指大量或者经营性储存、隐匿侵权复制品所在地；查封扣押地，是指海关、版权、工商等行政机关依法查封、扣押侵权复制品所在地。因此，选项A、B、C、D正确。

综上，本题正确答案为：A、B、C、D。

80. 根据著作权法及相关规定，下列哪些属于侵犯著作权承担的民事责任？

A. 停止侵害

B. 赔偿损失

C. 消除影响

D. 赔礼道歉

【答案】ABCD

【知识点】侵犯著作权的民事责任

【解析】《著作权法》第四十八条规定，有下列侵权行为的，应当根据情况，承担停止侵害、消除影响、赔礼道歉、赔偿损失等民事责任；同时损害公共利益的，可以由著作权行政管理部门责令停止侵权行为，没收违法所得，没收、销毁侵权复制品，并可处以罚款；情节严重的，著作权行政管理部门还可以没收主要用于制作侵权复制品的材料、工具、设备等；构成犯罪的，依法追究刑事责任：（一）未经著作权人许可，复制、发行、表演、放映、广播、汇编、通过信息网络向公众传播其作品的，该法另有规定的除外；（二）出版他人享有专有出版权的图书的；（三）未经表演者许可，复制、发行录有其表演的录音录像制品，或者通过信息网络向公众传播其表演的，该法另有规定的除外；（四）未经录音录像制作者许可，复制、发行、通过信息网络向公众传播其制作的录音录像制品的，该法另有规定的除外；（五）未经许可，播放或者复制广播、电视的，该法另有规定的除外；（六）未经著作权人或者与著作权有关的权利人许可，故意避开或者破坏权利人为其作品、录音录像制品等采取的保护著作权或者与著作权有关的权利的技术措施的，法律、行政法规另有规定的除外；（七）未经著作权人或者与著作权有关的权利人许可，故意删除或者改变作品、录音录像制品等的权利管理电子信息的，法律、行政法规另有规定的除外；（八）制作、出售假冒他人署名的作品的。因此，选项A、B、C、D正确。

综上，本题正确答案为：A、B、C、D。

81. 根据计算机软件保护条例的规定，计算机软件著作权的保护不延及下列哪些内容？
   A. 开发软件所用的思想
   B. 开发软件所用的处理过程
   C. 开发软件所用的操作方法
   D. 开发软件所用的数学概念

【答案】ＡＢＣＤ

【知识点】软件著作权的客体

【解析】《计算机软件保护条例》第六条规定，该条例对软件著作权的保护不延及开发软件所用的思想、处理过程、操作方法或者数学概念等。因此，选项A、B、C、D正确。

综上，本题正确答案为：A、B、C、D。

82. 根据商标法及相关规定，哪些属于不得作为商标注册的三维标志？
   A. 使商品具有实质性价值的形状
   B. 仅由商品自身的性质产生的形状
   C. 为获得技术效果而需有的商品形状
   D. 缺乏显著特征，也未能经过使用取得显著特征的

【答案】ＡＢＣＤ

【知识点】注册商标的组成要素

【解析】《商标法》第十二条规定，以三维标志申请注册商标的，仅由商品自身的性质产生的形状、为获得技术效果而需有的商品形状或者使商品具有实质性价值的形状，不得注册。因此，选项A、B、C正确。《商标法》第十一条规定，下列标志不能作为商标注册：（一）仅有本商品的通用名称、图形、型号的；（二）仅直接表示商品的质量、主要原料、功能、用途、重量、数量及其他特点的；（三）其他缺乏显著特征的。前款所列标志经过使用取得显著特征，并便于识别的，可以作为商标注册。因此，选项D正确。

综上，本题正确答案为：A、B、C、D。

83. 根据商标法及相关规定，下列哪些标志不得作为商标使用？
   A. 带有民族歧视性的
   B. 带有欺骗性，容易使公众对商品的产地产生误认的
   C. 仅直接表示商品的质量的
   D. 同某国的国旗近似且未获得该国政府同意的

【答案】ＡＢＤ

【知识点】不得作为商标使用的标志和不得作为商标注册的标志

【解析】《商标法》第十条规定，下列标志不得作为商标使用：……（二）同外国的国家名称、国旗、国徽、军旗等相同或者近似的，但经该国政府同意的除外；……（六）带有民族歧视性的；（七）带有欺骗性，容易使公众对商品的质量等特点或者产地产生误认的；……因此，

选项A、B、D正确。《商标法》第十一条规定，下列标志不得作为商标注册：（一）仅有本商品的通用名称、图形、型号的；（二）仅直接表示商品的质量、主要原料、功能、用途、重量、数量及其他特点的；（三）其他缺乏显著特征的。前款所列标志经过使用取得显著特征，并便于识别的，可以作为商标注册。因此，选项C在并未经过使用取得显著特征的情况下不得作为商标注册，不属于不得作为商标使用的标志，选项C错误。

综上，本题正确答案为：A、B、D。

84. 根据商标法及相关规定，下列哪些说法是正确的？
    A. 商标注册申请人可以通过一份申请就多个类别的商品申请注册同一商标
    B. 商标注册申请人不得通过一份申请就多个类别的商品申请注册同一商标
    C. 商标注册申请等文件可以以数据电文方式提出
    D. 商标注册申请等文件不得以数据电文方式提出

【答案】A C

【知识点】商标注册的申请

【解析】《商标法》第二十二条规定，商标注册申请人应当按规定的商品分类表填报使用商标的商品类别和商品名称，提出注册申请。商标注册申请人可以通过一份申请就多个类别的商品申请注册同一商标。因此，选项A正确。《商标法》第二十二条规定，商标注册申请等文件，可以以书面方式或者数据电文方式提出。因此，选项C正确。

综上，本题正确答案为：A、C。

85. 根据商标法及相关规定，注册商标做下列哪些变更应当办理变更手续，但不需要重新提交商标注册申请？
    A. 变更申请人的名义
    B. 变更申请人的地址
    C. 变更申请人的代理人
    D. 改变注册商标标志

【答案】A B C

【知识点】注册商标的变更

【解析】《商标法》第四十一条规定，注册商标需要变更注册人的名义、地址或者其他注册事项的，应当提出变更申请。《商标法实施条例》第十七条规定，申请人变更其名义、地址、代理人、文件接收人或者删减指定的商品的，应当向商标局办理变更手续。因此，选项A、B、C正确。《商标法》第二十四条规定，注册商标需要改变其标志的，应当重新提出注册申请。因此，选项D错误。

综上，本题正确答案为：A、B、C。

86. 根据商标法及相关规定，对初步审定公告的商标，自公告之日起三个月内，在先权利人、利害关系人可以基于下列哪些理由提起异议？

A. 就类似商品申请注册的商标是摹仿他人未在中国注册的驰名商标，容易导致混淆的

B. 就相同商品申请注册的商标是翻译他人未在中国注册的驰名商标，容易导致混淆的

C. 申请商标注册损害他人现有的在先权利的

D. 以不正当手段抢先注册他人已经使用并有一定影响的商标的

【答案】ABCD

【知识点】异议理由

【解析】《商标法》第三十三条规定，对初步审定公告的商标，自公告之日起3个月内，在先权利人、利害关系人认为违反该法第十三条第二款和第三款、第十五条、第十六条第一款、第三十条、第三十一条、第三十二条规定的，或者任何人认为违反该法第十条、第十一条、第十二条规定的，可以向商标局提出异议。公告期满无异议的，予以核准注册，发给商标注册证，并予公告。《商标法》第十三条第二款规定，就相同或者类似商品申请注册的商标是复制、摹仿或者翻译他人未在中国注册的驰名商标，容易导致混淆的，不予注册并禁止使用。因此，就相同或者类似商品申请注册的商标是摹仿、翻译他人未在中国注册的驰名商标，容易导致混淆的，在先权利人、利害关系人可以向商标局提出异议，选项A、B正确。《商标法》第三十二条规定，申请商标注册不得损害他人现有的在先权利，也不得以不正当手段抢先注册他人已经使用并有一定影响的商标。因此，申请商标注册损害他人现有的在先权利的，或者以不正当手段抢先注册他人已经使用并有一定影响的商标的，在先权利人、利害关系人可以向商标局提出异议，选项C、D正确。

综上，本题正确答案为：A、B、C、D。

87. 根据商标法及相关规定，注册商标有下列哪些情形的，任何单位或者个人可以向商标局申请撤销该商标？

A. 商标注册人在使用注册商标过程中自行改变注册商标

B. 商标注册人在使用注册商标过程中自行改变注册人名义

C. 注册商标成为其核定使用的商品的通用名称

D. 没有正当理由连续三年不使用

【答案】CD

【知识点】注册商标的撤销

【解析】《商标法》第四十九条规定，商标注册人在使用注册商标的过程中，自行改变注册商标、注册人名义、地址或者其他注册事项的，由地方工商行政管理部门责令限期改正；期满不改正的，由商标局撤销其注册商标。注册商标成为其核定使用的商品的通用名称或者没有正当理由连续3年不使用的，任何单位或者个人可以向商标局申请撤销该注册商标。商标局应当自收到申请之日起9个月内做出决定。有特殊情况需要延长的，经国务院工商行政管理部门批准，可以延长3个月。因此，选项A、B错误，选项C、D正确。

综上，本题正确答案为：C、D。

88. 根据商标法及相关规定，下列关于注册商标无效宣告的哪些说法是正确的？
    A. 已经注册的商标是以欺骗手段取得注册的，由商标局宣告该注册商标无效
    B. 已经注册的商标是以欺骗手段取得注册的，商标局以外的其他单位或者个人无权请求宣告该注册商标无效
    C. 商标局做出宣告注册商标无效的决定，应当书面通知当事人
    D. 当事人对商标局做出的宣告注册商标无效的决定不服的，可以向商标评审委员会申请复审

【答案】A C D
【知识点】注册商标的无效宣告
【解析】《商标法》第四十四条第一款规定，已经注册的商标，违反该法第十条、第十一条、第十二条规定的，或者是以欺骗手段或者其他不正当手段取得注册的，由商标局宣告该注册商标无效；其他单位或者个人可以请求商标评审委员会裁定宣告该注册商标无效。因此，选项A正确，选项B错误。《商标法》第四十四条第二款规定，商标局做出宣告注册商标无效的决定，应当书面通知有关当事人。当事人对商标局的决定不服的，可以自收到通知之日起15日内向商标评审委员会申请复审。……因此，选项C、D正确。

综上，本题正确答案为：A、C、D。

89. 根据商标法及相关规定，下列关于注册商标转让的哪些说法是正确的？
    A. 转让人和受让人应当签订转让协议
    B. 转让人和受让人应当共同向商标局提出申请
    C. 受让人应当保证使用该注册商标的商品质量
    D. 商标注册人对其在同一种商品上注册的近似的商标，无需一并转让

【答案】A B C
【知识点】注册商标的转让
【解析】《商标法》第四十二条第一款规定，转让注册商标的，转让人和受让人应当签订转让协议，并共同向商标局提出申请。受让人应当保证使用该注册商标的商品质量。因此，选项A、B、C正确。《商标法》第四十二条第二款规定，转让注册商标的，商标注册人对其在同一种商品上注册的近似的商标，或者在类似商品上注册的相同或者近似的商标，应当一并转让。因此，选项D错误。

综上，本题正确答案为：A、B、C。

90. 根据商标法及相关规定，下列哪些行为属于侵犯注册商标专用权的行为？
    A. 未经商标注册人的许可，在同一种商品上使用与其注册商标相同的商标的
    B. 未经商标注册人的许可，在同一种商品上使用与其注册商标近似的商标，容易导致混淆的
    C. 未经商标注册人的许可，在类似商品上使用与其注册商标相同的商标，容易导致混

D. 未经商标注册人的许可，在类似商品上使用与其注册商标近似的商标，容易导致混淆的

【答案】A B C D

【知识点】商标侵权行为

【解析】《商标法》第五十七条规定，有下列行为之一的，均属侵犯注册商标专用权：（一）未经商标注册人的许可，在同一种商品上使用与其注册商标相同的商标的；（二）未经商标注册人的许可，在同一种商品上使用与其注册商标近似的商标，或者在类似商品上使用与其注册商标相同或者近似的商标，容易导致混淆的；（三）销售侵犯注册商标专用权的商品的；（四）伪造、擅自制造他人注册商标标识或者销售伪造、擅自制造的注册商标标识的；（五）未经商标注册人同意，更换其注册商标并将该更换商标的商品又投入市场的；（六）故意为侵犯他人商标专用权行为提供便利条件，帮助他人实施侵犯商标专用权行为的；（七）给他人的注册商标专用权造成其他损害的。因此，选项A、B、C、D正确。

综上，本题正确答案为：A、B、C、D。

91. 根据反不正当竞争法及相关规定，经营者的下列哪些行为属于不正当竞争行为？

  A. 假冒他人的注册商标

  B. 擅自使用他人知名商品特有的包装装潢，造成和他人的知名商品相混淆，使购买者误认为是该知名商品的

  C. 以低于成本的价格销售鲜活商品

  D. 以明示入账的方式给交易对方折扣

【答案】A B

【知识点】不正当竞争行为

【解析】《反不正当竞争法》第五条规定，经营者不得采用下列不正当手段从事市场交易，损害竞争对手：（一）假冒他人的注册商标；（二）擅自使用知名商品特有的名称、包装、装潢，或者使用与知名商品近似的名称、包装、装潢，造成和他人的知名商品相混淆，使购买者误认为是该知名商品；（三）擅自使用他人的企业名称或者姓名，引人误认为是他人的商品；（四）在商品上伪造或者冒用认证标志、名优标志等质量标志，伪造产地，对商品质量作引人误解的虚假表示。因此，选项A、B正确。《反不正当竞争法》第十一条规定，经营者不得以排挤竞争对手为目的，以低于成本的价格销售商品。有下列情形之一的，不属于不正当竞争行为：（一）销售鲜活商品；（二）处理有效期限即将到期的商品或者其他积压的商品；（三）季节性降价；（四）因清偿债务、转产、歇业降价销售商品。因此，选项C错误。《反不正当竞争法》第八条规定，经营者不得采用财物或者其他手段进行贿赂以销售或者购买商品。在账外暗中给予对方单位或者个人回扣的，以行贿论处；对方单位或者个人在账外暗中收受回扣的，以受贿论处。经营者销售或者购买商品，可以以明示方式给对方折扣，可以给中间人佣金。经营者给对方折扣、给中间人佣金的，必须如实入账。接受折扣、

佣金的经营者必须如实入账。因此，选项D错误。

综上，本题正确答案为：A、B。

92. 甲公司在某地电视台投放广告，宣称"甲公司原装进口实木地板质量佳、服务好"，同时捏造虚伪事实宣称"乙公司生产的木地板甲醛严重超标"。此后，乙公司木地板销量锐减。经查明，甲公司生产的实木地板是用国内木材加工而成。根据反不正当竞争法及相关规定，下列关于该广告行为的哪些说法是正确的？

　　A. 甲公司宣称"甲公司原装进口实木地板质量佳、服务好"的行为是不正当竞争行为
　　B. 甲公司宣称"甲公司原装进口实木地板质量佳、服务好"的行为是正当竞争行为
　　C. 甲公司宣称"乙公司生产的木地板甲醛严重超标"的行为是不正当竞争行为
　　D. 甲公司宣称"乙公司生产的木地板甲醛严重超标"的行为是正当竞争行为

【答案】AC

【知识点】不正当竞争的概念和种类

【解析】《反不正当竞争法》第九条第一款规定，经营者不得利用广告或者其他方法，对商品的质量、制作成分、性能、用途、生产者、有效期限、产地等作引人误解的虚假宣传。因此，选项A正确，选项B错误。《反不正当竞争法》第十四条规定，经营者不得捏造、散布虚伪事实，损害竞争对手的商业信誉、商品声誉。因此，选项C正确，选项D错误。

综上，本题正确答案为：A、C。

93. 根据植物新品种保护条例及相关规定，下列关于品种权保护期限的说法哪些是正确的？

　　A. 品种权的保护期限自授权之日起算
　　B. 品种权的保护期限自申请之日起算
　　C. 林木品种权的保护期限为20年
　　D. 果树品种权的保护期限为15年

【答案】AC

【知识点】品种权的保护期限

【解析】《植物新品种保护条例》第三十四条规定，品种权的保护期限，自授权之日起，藤本植物、林木、果树和观赏树木为20年，其他植物为15年。因此，选项A、C正确，选项B、D错误。

综上，本题正确答案为：A、C。

94. 根据植物新品种保护条例及相关规定，下列哪些行为可以不经品种权人许可，不向其支付使用费？

　　A. 利用授权品种进行育种及其他科研活动
　　B. 农民自繁自用授权品种的繁殖材料
　　C. 为商业目的将该授权品种的繁殖材料重复使用于生产另一品种的繁殖材料

D. 为商业目的生产该授权品种的繁殖材料

【答案】AB

【知识点】不需要经品种权人许可的使用

【解析】《植物新品种保护条例》第十条规定，在下列情况下使用授权品种的，可以不经品种权人许可，不向其支付使用费，但是不得侵犯品种权人依照该条例享有的其他权利：（一）利用授权品种进行育种及其他科研活动；（二）农民自繁自用授权品种的繁殖材料。因此，选项A、B正确。《植物新品种保护条例》第六条规定，完成育种的单位或者个人对其授权品种，享有排他的独占权。任何单位或者个人未经品种权所有人（以下称品种权人）许可，不得为商业目的生产或者销售该授权品种的繁殖材料，不得为商业目的将该授权品种的繁殖材料重复使用于生产另一品种的繁殖材料；但是，该条例另有规定的除外。因此，选项C、D错误。

综上，本题正确答案为：A、B。

95. 根据集成电路布图设计保护条例及相关规定，集成电路布图设计权利人享有下列哪些专有权？

    A. 对受保护的布图设计的全部进行复制

    B. 对受保护的布图设计中的任何具有独创性的部分进行复制

    C. 将受保护的布图设计投入商业利用

    D. 将含有受保护的布图设计的集成电路投入商业利用

【答案】ABCD

【知识点】布图设计权利人的专有权

【解析】《集成电路布图设计保护条例》第七条规定，布图设计权利人享有下列专有权：（一）对受保护的布图设计的全部或者其中任何具有独创性的部分进行复制；（二）将受保护的布图设计、含有该布图设计的集成电路或者含有该集成电路的物品投入商业利用。因此，选项A、B、C、D正确。

综上，本题正确答案为：A、B、C、D。

96. 根据《保护工业产权巴黎公约》的规定，下列哪些属于工业产权的保护对象？

    A. 商标

    B. 厂商名称

    C. 货源标记或原产地名称

    D. 专利

【答案】ABCD

【知识点】工业产权的范围

【解析】《保护工业产权巴黎公约》第一条（2）规定，工业产权的保护对象有专利、实用新型、工业品外观设计、商标、服务标记、厂商名称、货源标记或原产地名称，和制止不正当竞争。因此，选项A、B、C、D正确。

综上，本题正确答案为：A、B、C、D。

97. 根据《保护工业产权巴黎公约》的规定，下列哪些说法是正确的？
   A. 成员国国民在某一成员国申请的专利，与在其他成员国或者非成员国就同一发明所取得的专利相互独立
   B. 成员国国民就同一发明在优先权期限内向不同成员国申请的专利，在某一成员国被驳回的，在其他成员国亦必须被驳回
   C. 成员国可以以专利产品的销售受到本国法律禁止为理由，拒绝授予专利权
   D. 成员国不得以专利产品的销售受到本国法律禁止为理由，拒绝授予专利权

【答案】AD

【知识点】专利的独立性

【解析】《保护工业产权巴黎公约》第四条之二规定，(1) 本联盟国家的国民向本联盟各国申请的专利，与在其他国家，不论是否本联盟的成员国，就同一发明所取得的专利是互相独立的。(2) 上述规定，应从不受限制的意义来理解，特别是指在优先权期间内申请的各项专利，就其无效和丧失权利的理由以及其正常的期间而言，是互相独立的。(3) 该规定应适用于在其开始生效时已经存在的一切专利。(4) 在有新国家加入的情况下，该规定应同样适用于加入时各方面已经存在的专利。(5) 在本联盟各国，因享有优先权的利益而取得的专利的期限，与没有优先权的利益而申请或授予的专利的期限相同。因此，选项A正确，选项B错误。《保护工业产权巴黎公约》第四条之四规定，不得以专利产品的销售或依专利方法制造的产品销售受到本国法律的禁止或限制为理由，而拒绝授予专利或使专利无效。因此，选项C错误，选项D正确。

综上，本题正确答案为：A、D。

98. 根据《保护工业产权巴黎公约》的规定，下列哪些说法是正确的？
   A. 要求优先权的，应当在各成员国规定的期限内提出要求优先权的声明
   B. 成员国可以要求作出优先权声明的任何人提交以前提出的申请的副本
   C. 作为产生优先权的基础的首次申请可以是与正规的国家申请相当的任何申请
   D. 成员国可以准许根据实用新型申请的优先权提出工业品外观设计申请

【答案】ABCD

【知识点】享有优先权的条件 优先权的期限

【解析】《保护工业产权巴黎公约》第四条D(1)规定，任何人希望利用以前提出的一项申请的优先权的，需要作出声明，说明提出该申请的日期和受理该申请的国家。每一国家应确定必须作出该项声明的最后日期。因此，选项A正确。《保护工业产权巴黎公约》第四条D(3)规定，本联盟国家可以要求作出优先权声明的任何人提交以前提出的申请（说明书、附图等）的副本。该副本经原受理申请的机关证实无误后，不需要任何认证，并且无论

如何可以在提出后一申请后 3 个月内随时提交，不需缴纳费用。本联盟国家可以要求该副本附有上述机关出具的载明申请日的证明书和译文。因此，选项 B 正确。《保护工业产权巴黎公约》第 4 条 A（2）规定，依照本联盟任何国家的本国立法，或依照本联盟各国之间缔结的双边或多边条约，与正规的国家申请相当的任何申请，应当被承认为产生优先权。因此，选项 C 正确。《保护工业产权巴黎公约》第 4 条 E（1）规定，依靠以实用新型申请为基础的优先权而在一个国家提出工业品外观设计申请的，优先权期间应与工业品外观设计规定的优先权期间一样。因此，选项 D 正确。

综上，本题正确答案为：A、B、C、D。

99. 根据《与贸易有关的知识产权协定》的规定，下列哪些说法是正确的？
　　A. 各成员可以将商标的实际使用作为提交商标注册申请的条件
　　B. 各成员不应将商标的实际使用作为提交商标注册申请的条件
　　C. 各成员可以规定使用是维持商标注册的必要条件
　　D. 各成员不应规定使用是维持商标注册的必要条件

【答案】BC

【知识点】《与贸易有关的知识产权协定》之商标可保护的客体

【解析】《与贸易有关的知识产权协定》第 15 条第 3 款规定，各成员可以将可否注册取决于使用。然而，不应将商标的实际使用作为提交注册申请的条件。所以，选项 A 错误，选项 B 正确。根据《与贸易有关的知识产权协定》第 19 条的规定，如果使用是维持注册的必要条件，只有在至少连续 3 年不使用以后，才可以取消其注册，除非商标所有人表明有妨碍这种使用的正当理由。因此，选项 C 正确，选项 D 错误。

综上，本题正确答案为：B、C。

100. 根据《与贸易有关的知识产权协定》的规定，下列哪些属于针对侵权行为规定的民事救济措施？
　　A. 监禁
　　B. 责令停止侵权
　　C. 损害赔偿
　　D. 责令侵权人向权利持有人支付适当的律师费用

【答案】BCD

【知识点】知识产权执法

【解析】《与贸易有关的知识产权协定》第 61 条规定，各成员应当规定刑事程序和刑罚，至少适用于故意的具有商业规模的假冒商标或盗版案件。可以采用的救济应包括足以起威慑作用的监禁和/或罚金，其处罚水准应当与同样严重的犯罪所适用的处罚水准相一致。在适当情形，可以采取的救济还应当包括对侵权货物以及主要用于犯罪的任何材料和工具的扣押、没收和销毁。各成员可以规定，刑事程序和刑罚应当适用于其他侵犯知识产权的案件，尤其是故意侵权并且具有商业规模的案件。因此，监禁属于刑罚，不属于民事救济措施，选项 A 错误。《与贸易有关的知识产权协定》第 44 条第 1 款规定，司法机关应有权命令当事人停止侵权，除其他外，有权在海关放行后立即阻止那些涉嫌侵犯知识产权的进口货物进入其管辖范围内的商业渠道。对于有关的人在知悉或者有合理的根据应当知悉从事这些主题的交易会导致侵犯知识产权之前所获得或订购的此类主题，各成员没有义务授予司法机关这样的权力。因此，选项 B 正确。《与贸易有关的知识产权协定》第 45 条第 1 款规定，如果侵权人明知或有合理的根据应知其从事了侵权活动，司法机关应当有权责令侵权人向权利持有人支付足以补偿权利持有人由于侵权人侵犯其知识产权而所损失的损害赔偿金。因此，选项 C 正确。《与贸易有关的知识产权协定》第 45 条第 2 款规定，司法机关还应当有权责令侵权人向权利持有人支付费用，其中可以包括适当的律师费用。在适当情形下，即使侵权人并非明知或有合理的根据应知其从事了侵权活动，各成员国仍可以授权司法机关责令返还利润，和/或支付法律预先规定的损害赔偿金。因此，选项 D 正确。

综上，本题正确答案为：B、C、D。

专利代理实务

2016 年全国专利代理人资格考试

专利代理实务考试试卷

国家知识产权局
专利代理人考核委员会监制
2016 年 11 月

答题须知

1. 答题时请以现行、有效的法律和法规的规定为准。

2. 作为考试，应试者在完成题目时应当接受并仅限于本试卷所提供的事实，并且无需考虑素材的真实性、有效性问题。

3. 本专利代理实务试题包括第一题、第二题、第三题和第四题，满分150分。

应试者应当将各题答案按顺序清楚地撰写在相对应的答题区域内。

试题说明

第一题：客户A公司拟对B公司的发明专利（下称涉案专利）提出无效宣告请求，为此，A公司向你所在的代理机构提供了涉案专利（附件1）和对比文件1－3，以及A公司技术人员撰写的无效宣告请求书（附件2），请你具体分析客户所撰写的无效宣告请求书中的各项无效宣告理由是否成立，并将结论和具体理由以信函的形式提交给客户。

第二题：请你根据客户提供的材料为客户撰写一份无效宣告请求书，在无效宣告请求书中要明确无效宣告请求的范围、理由和证据，要求以专利法及其实施细则中的有关条、款、项作为独立的无效宣告理由提出，并结合给出的材料具体说明。

第三题：客户A公司同时向你所在的代理机构提供了技术交底材料（附件3），希望就该技术申请实用新型专利。请你综合考虑涉案专利和对比文件1－3所反映的现有技术，为客户撰写实用新型专利申请的权利要求书。

第四题：简述你撰写的独立权利要求相对于涉案专利解决的技术问题和取得的技术效果。

附件1（涉案专利）：

[19] 中华人民共和国国家知识产权局

[12] 发明专利

[45] 授权公告日 2016年2月11日

[21] 申请号 201311234567.x
[22] 申请日 2013.9.4
[73] 专利权人 B公司　　　　　　　　　（其余著录项目略）

权利要求书

1. 一种茶壶，包括壶身、壶嘴、壶盖及壶把，其特征在于：壶盖底面中央可拆卸地固定有一个向下延伸的搅拌棒，搅拌棒的端部可拆卸地固定有搅拌部。

2. 根据权利要求1所述的茶壶，其特征在于：所述搅拌部为一叶轮，所述叶轮的底部沿径向方向设有齿板。

3. 根据权利要求1或2所述的茶壶，其特征在于：所述齿板上设有多个三角形凸齿。

4. 一种茶壶，包括壶身、壶嘴、壶盖及壶把，其特征在于：壶身上设有弦月形护盖板。

说 明 书

茶 壶

本发明涉及品茗茶壶的改良。

一般茶叶在冲泡过程中，茶叶经常聚集在茶壶底部，需要长时间浸泡才能伸展出味。当需要迅速冲泡茶叶的时候，有人会使用搅拌棒或者筷子对茶壶里面的茶叶进行搅拌，这样既不方便也不卫生。

再者，茶壶在倾倒过程中，壶盖往往向前滑动，容易使得茶水溢出，甚至烫伤他人。

本发明的主要目的是提供一种具有搅拌工具的茶壶，所述搅拌工具可拆卸地固定在壶盖底面中央，并向壶身内部延伸。

本发明的另一个目的是提供一种具有护盖板的茶壶，所述护盖板呈弦月型，位于壶身靠近壶嘴的前沿开口部分，并覆盖部分壶盖。

图1为本发明的茶壶的立体外观图；

图2为本发明的茶壶的立体分解图。

如图1、图2所示，本发明的茶壶包括有壶身1、壶嘴2、带有抓手的壶盖3、壶把4及搅拌工具5。搅拌工具5包括搅拌棒11和作为搅拌部的叶轮12。壶身1内可放入茶叶，并供茶叶在冲泡后具有伸展空间。壶盖3的底面中央安装有一个六角螺母。搅拌棒11的两端具有螺纹，其一端旋进六角螺母，从而实现与壶盖3的可拆卸安装，另一端与叶轮12螺纹连接。由于搅拌工具为可拆卸结构，因此易于安装和更换。

壶身1上设置有一弦月形护盖板13，该护盖板13从壶身1近壶嘴2的前缘开口部位沿壶盖3的周向延伸，并覆盖部分壶盖3，护盖板13可以防止壶盖在茶水倾倒过程中向前滑动，从而防止茶水溢出。

使用时，先在壶身1内置入茶叶等冲泡物，倾斜壶盖3，使搅拌工具5置于壶身1内，然后向下将壶盖3置于护盖板13的下方。旋转壶盖3，搅拌工具5随着壶盖3的转动而转动，实现对壶身1内的茶叶及茶水搅拌。

为了更好对茶叶进行搅拌，可在叶轮12的底部设置齿板。如图1、图2所示，在叶轮12的底部，沿径向向外延伸设有若干个齿板14，每个齿板14上至少设有两个三角形凸齿，配合搅拌工具在茶壶内的旋转，三角形的尖锐凸齿可以进一步搅拌壶身内的茶叶。

说 明 书 附 图

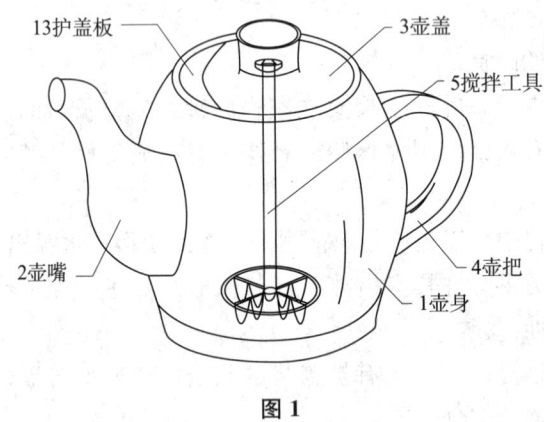

图 1

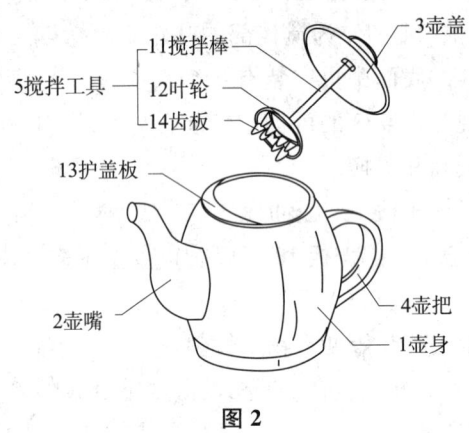

图 2

对比文件1：

[19] 中华人民共和国国家知识产权局

[12] 实用新型专利

[45] 授权公告日 2014年5月9日

[21] 申请号 201320123456.5
[22] 申请日 2013.8.22
[73] 专利权人 赵××　　　　　　　　　　　　　　（其余著录项目略）

说 明 书

一种多功能杯子

本实用新型涉及一种盛装饮用液体的容器，具体地说是一种多功能杯子。

人们在冲泡奶粉、咖啡等饮品时，由于水温及其它各种因素的影响，固体饮品不能迅速溶解，容易形成结块，影响口感。

本实用新型的目的在于提供一种多功能杯子，该杯子具有使固体物迅速溶解、打散结块的功能。

图1为本实用新型的多功能杯子的第一实施例的结构示意图；

图2为本实用新型的多功能杯子的第二实施例的结构示意图。

如图1所示，本实用新型的多功能杯子包括：杯盖21A、搅拌棒22A和杯体23A，搅拌棒22A位于杯盖21A的内侧，并与杯盖一体成型。搅拌棒22A的端部可插接一桨型搅拌部24A。

图2示出了本实用新型的多功能杯子的另一个实施例，包括杯盖21B、搅拌棒22B和杯体23B。所述搅拌棒22B的头部呈圆柱形。杯盖21B的内侧设有内径与搅拌棒22B的头部外径相同的插槽，搅拌棒22B的头部插入至杯盖21B的插槽内。搅拌棒22B采用可弯折的材料制成，其端部弯折出一个搅拌匙以形成搅拌部，从而方便搅拌。

使用时，取下杯盖，向杯内放入奶粉、咖啡等固态饮料并注入适宜温度的水，盖上杯盖，握住杯体，转动杯盖，此时搅拌棒也随杯盖的旋转而在杯体内转动，从而使固态饮料迅速溶解，防止结块产生，搅拌均匀后取下杯盖，直接饮用饮品即可。

说 明 书 附 图

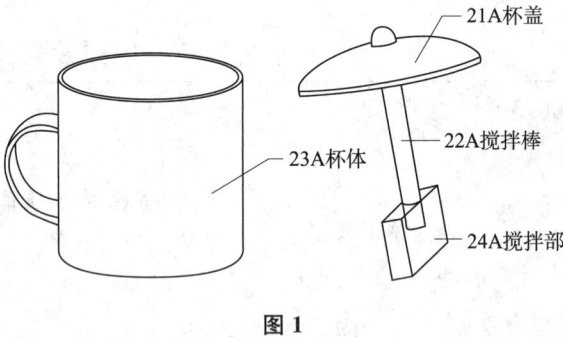

图 1

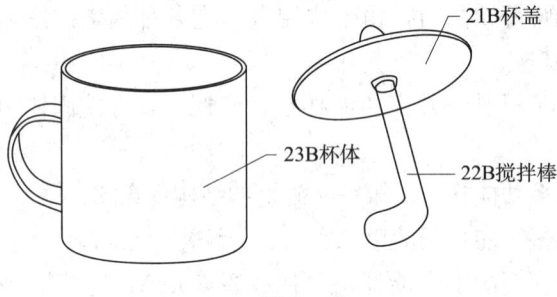

图 2

对比文件2：

[19] 中华人民共和国国家知识产权局

[12] 实用新型专利

[45] 授权公告日 2011年3月23日

[21] 申请号 201020789117.7
[22] 申请日 2010.4.4
[73] 专利权人 孙××

（其余著录项目略）

说 明 书

本实用新型涉及一种新型泡茶用茶壶。

泡茶时，经常发生部分茶叶上下空间展开不均匀不能充分浸泡出味的情况，影响茶水的口感。

本实用新型的目的是提供一种具有搅拌匙的茶壶。

图1为本实用新型的茶壶的立体外观图；

图2为本实用新型的茶壶的剖视图。

如图1所示，本实用新型的茶壶包括有壶身30、壶嘴31、壶盖32及壶把33。壶盖32的底面中央一体成型有一向下延伸的搅拌匙34，此搅拌匙34呈偏心弯曲状，在壶盖32盖合在壶身30时，可伸置在壶身30内部。

如图2所示，在壶身30内置茶叶等冲泡物时，搅棒匙34随壶盖32转动，由于搅拌匙34呈偏心弯曲状，弯曲部分可以加速茶壶内的茶叶在上下方向上运动，从而对壶身30内的茶叶及茶水搅拌，使冲泡过程不致有茶叶长时间聚集在茶壶的底部，从而提高冲泡茶水的口感。

说明书附图

图 1

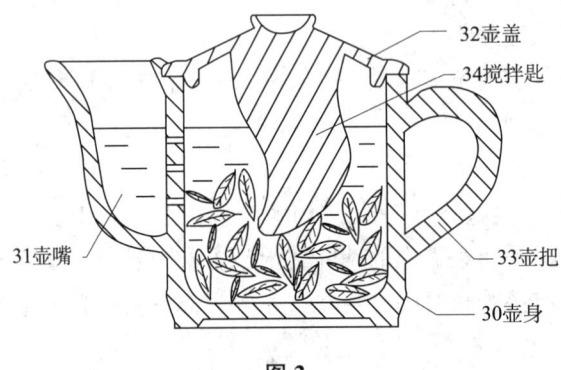

图 2

对比文件 3：

[19] 中华人民共和国国家知识产权局

[12] 实用新型专利

[45] 授权公告日 2000 年 10 月 19 日

[21] 申请号 99265446.9
[22] 申请日 1999.11.10
[73] 专利权人 钱×× （其余著录项目略）

说 明 书

茶 杯

本实用新型有关一种具有改良结构的新型茶杯。

传统茶杯在冲泡茶叶时需要耗费较多的冲泡时间才能将茶叶冲开饮用。

本实用新型的目的是提供一种新型茶杯，其能够通过对冲泡中的茶叶的搅拌来加速茶叶的冲泡。

图 1 是本实用新型的茶杯的剖视图；

如图 1 所示，本实用新型改良结构的茶杯，具有一杯体 40，杯盖 41，塞杆 42，以及塞部 43。塞杆 42 可拆卸地固定安装在杯盖 41 的下表面上。塞杆 42 的下端部插接有一个塞部 43，塞部 43 表面包覆有滤网，底部沿径向方向上设有两片微弧状的压片 2B。塞部 43 可与圆柱形杯体 40 配合，藉以供作茶叶的搅拌及过滤的结构装置。

该茶杯在实际应用时，配合杯盖 41 的旋转操作，塞部 43 底部设有的压片 2B 搅拌、搅松置放于杯体 40 底部的茶叶，方便地完成茶叶的冲泡工作。

由于塞杆 42、塞部 43 与杯盖 41 之间均采用可拆卸连接，一方面，当茶杯没有浸泡茶叶时，可以将用于搅拌的塞杆 42、塞部 43 取下，另一方面，如果出现了零件损坏的情况，可以进行更换。

说 明 书 附 图

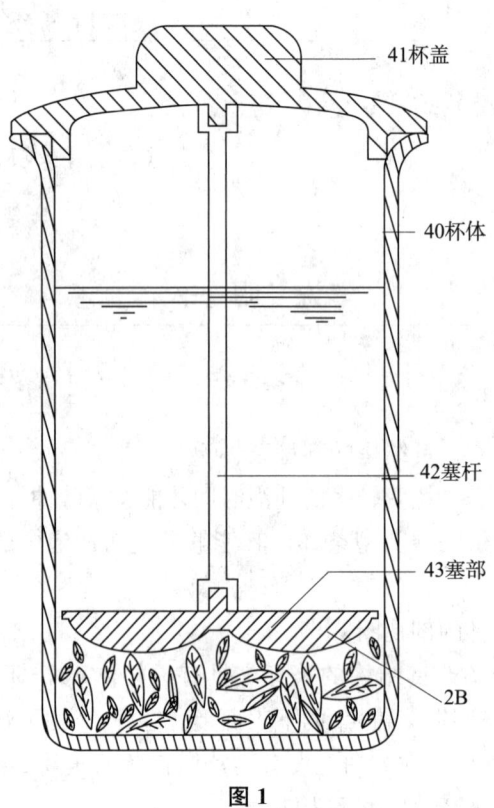

图 1

附件 2（客户撰写的无效宣告请求书）：

无效宣告请求书：

（一）关于新颖性和创造性

1. 对比文件 1 与涉案专利涉及相近的技术领域，其说明书的附图 1 所示的实施例公开了一种多功能杯子包括：杯盖 21A、搅拌棒 22A 和杯体 23A，搅拌棒 22A 位于杯盖 21A 的内侧，并与杯盖一体成型。搅拌棒 22A 的端部可插接一桨型搅拌部 24A。附图 2 示出了另一个实施例，包括杯盖 21B、搅拌棒 22B 和杯体 23B，所述搅拌棒 22B 的头部呈圆柱形。杯盖 21B 的内侧设有内径与搅拌棒 22B 的头部外径相同的插槽，搅拌棒 22B 的头部插入至杯盖 21B 的插槽内。搅拌棒 22B 采用可弯折的材料制成，其端部弯折出一个搅拌匙以形成搅拌部。因此，实施例一公开了可拆卸的搅拌部，实施例二公开了可拆卸的搅拌棒，对比文件 1 公开了权利要求 1 的全部特征，权利要求 1 相对于对比文件 1 不具备新颖性。

2. 对比文件 2 公开了一种茶壶，并具体公开了本实用新型的茶壶包括有壶身 30、壶嘴 31、壶把 33。壶盖 32 及壶把 33。壶盖 32 的底面中央一体成型有一向下延伸的搅拌匙 34，此搅拌匙 34 呈偏心弯曲状，在壶盖 32 盖合在壶身 30 时，可伸置在壶身 30 内部。因此其公开了权利要求 1 的全部技术特征，二者属于相同的技术领域，解决了同样的技术问题，并且达到了同样的技术效果，因此权利要求 1 相对于对比文件 2 不具备新颖性。

3. 对比文件 2 公开了一种带有搅拌匙的茶壶，对比文件 3 公开了一种改良结构的茶杯，二者结合公开了权利要求 2 的全部技术特征，因此权利要求 2 相对于对比文件 2 和对比文件 3 不具备创造性。

（二）其他无效理由

4. 权利要求 1 没有记载搅拌部的具体结构，因此缺少必要技术特征。

5. 权利要求 3 保护范围不清楚。

6. 权利要求 1 的特定技术特征是壶盖底面中央可拆卸地固定有一个向下延伸的搅拌棒，搅拌棒的端部可拆卸地固定有搅拌部，从而实现对茶叶的搅拌；权利要求 4 的特定技术特征是壶身上设有弦月形护盖板，以防止壶盖向前滑动，权利要求 4 与权利要求 1 不属于一个总的发明构思，没有单一性。

因此请求宣告涉案专利全部无效。

附件3（技术交底材料）：

茶叶在冲泡过程中，一般需要数十秒到数分钟左右，才能使其味道浸出。保证茶叶的浸出时间，对于泡出香味浓郁的茶水非常重要。当突然来了客人需要泡茶时，往往会因为茶叶的浸出时间不足，而造成茶水的色、香、味过于清淡。对此，通常采取的方法都是用筷子或勺子放入茶壶搅拌。但是，一方面，寻找合适的搅拌工具很不方便，另一方面，使用后的搅拌工具没有固定地方放置，经常被随意地放在桌上，很不卫生。

在现有技术的基础上，我公司提出一种改进的茶壶。

如图1所示的茶壶，在壶身101的侧面设有壶嘴102和壶把103。壶身101的上部开口处具有壶盖104。壶盖104的中央安装有抓手105。在抓手105的旁边有一个穿透壶盖的通气孔H，在通气孔H中贯穿地插入一搅拌工具110。

如图2所示，搅拌工具110具有杆部111、搅拌部112和把手114。杆部111可自由地穿过通气孔H，并可在通气孔H内拉动和旋转。杆部111的前端可拆卸地安装有把手114，后端一体成型有搅拌部112。搅拌部112的形状可以采用现有搅拌工具的形状，但这样的形状在茶水中的移动速度慢，不利于茶叶的快速浸出。优选地，搅拌部112为螺旋形，在杆部111的轴向上保持规定的间距而螺旋形延伸。螺旋的内侧空间还可以容纳水质改良剂。例如，将由天然石头做成的球体放入搅拌部112，可以从球体溶出矿物质成分，使茶的味道更加温和。

使用茶壶时，如图1所示，在壶身101内放入茶叶，倒入适量的热水浸泡茶叶。在茶壶中倒入热水后，立即盖上壶盖104。在盖着壶盖104的状态下，拉动和旋转搅拌工具110。在茶壶内，随搅拌工具110的运动，茶叶在热水中移动，茶叶的成分迅速在整个热水中扩散。将搅拌工具110上下移动时，搅拌部112还可以起到泵的作用，在茶壶内部促使茶水产生对流，因此，可以高效泡出味道浓郁且均匀的茶水。

图3示出了另一种搅拌工具210。搅拌工具210具有杆部211、搅拌部212和把手214。把手214与杆部211可拆卸连接，杆部211的轴周围伸出螺旋形的叶片板形成螺旋形的搅拌部212，所述杆部211与所述搅拌部212一体成型。

图4为另一种结构的搅拌工具310。搅拌工具310具有杆部311、搅拌部312和把手314。杆部311与把手314一体成型，与搅拌部312之间可拆卸连接。搅拌部312的上端固定有十字接头316。杆部311的下端插入十字接头316的突出部。搅拌部312可以使用弹性材料制成，由于弹性材料的作用，螺旋形搅拌部容易变形，使得搅拌更容易进行。

带有搅拌工具的茶壶，结构简单，成本低廉，操作方便。将搅拌工具穿入通气孔H，拉动和旋转把手，杆部带动搅拌部对壶身内的茶水和茶叶进行搅拌，使容器内有效地产生对流，方便地完成茶叶的冲泡。其利用了茶壶上现有的通气孔，将搅拌工具安装在茶壶上，不需要改变茶壶的结构就可以方便卫生地实现对茶叶的搅拌操作。

技术交底材料附图

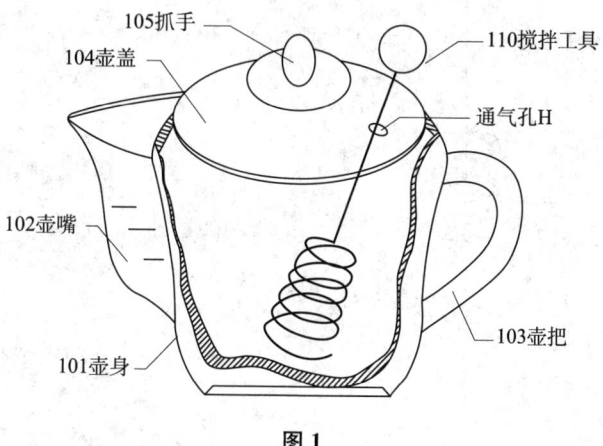

图 1

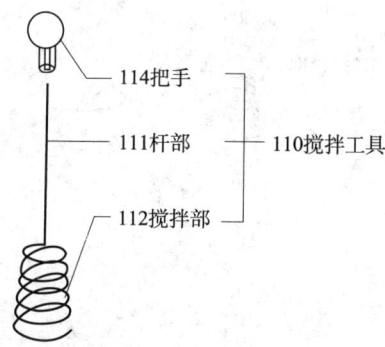

图 2

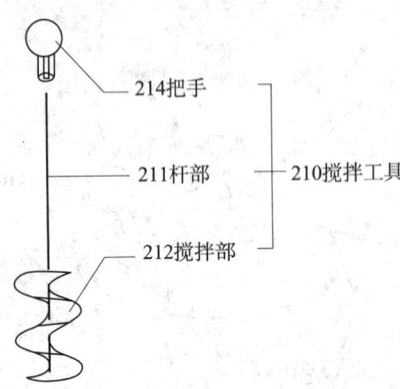

图 3

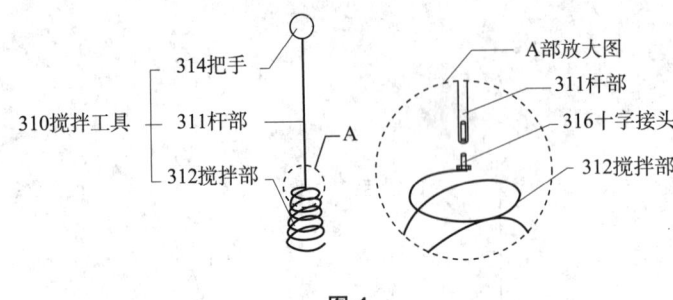

图 4

2016年专利代理实务题
答题要点及参考答案

一、总体考虑

2016年"专利代理实务"科目考试试题包括无效实务和申请实务两个部分,共4道题目。第一题和第二题为无效实务部分,第一题要求应试者根据客户提供的资料具体分析客户自行撰写的无效宣告请求书中的各项无效宣告理由是否成立,并将具体意见以信函的形式提交给客户。该题重点考查应试者对于专利代理事务中应知应会的重点法条的理解和运用能力,要求应试者全面、正确地判断题述理由是否符合《专利法实施细则》第六十五条第二款规定的范围,并对其具体理由是否成立、撰写是否合适等内容作出判断。第二题要求应试者根据客户提供的资料撰写无效宣告请求书。该题全面考查了应试者对于专利代理实务中经常涉及的几个基本法律概念,包括新颖性、创造性、权利要求是否得到说明书的支持等内容的掌握程度以及灵活运用的能力。应试者作为无效宣告请求人的代理人,要条理清晰、有理有据地分析客户提供的资料,选择无效宣告成功可能性最大的证据,并提出最具说服力的理由。第三题和第四题为申请实务部分。第三题采用撰写权利要求书这种专利代理实务中最基本的形式,主要考查应试者撰写权利要求书的基本技巧,要求在满足《专利法》及《专利法实施细则》有关规定的前提下,撰写合适范围的独立权利要求,逻辑清楚、层次分明的从属权利要求,以及实用新型权利要求中涉及材料特征的权利要求的撰写。此题一方面要求应试者具有总结归纳的能力,为客户寻求最合理范围的专利保护;另一方面也要求应试者能够撰写出有层次、有梯度、逻辑严谨、结构清楚的从属权利要求,从而保证权利的稳定性。第四题要求应试者分析其在第三题中撰写的独立权利要求相对于最接近的现有技术所解决的技术问题和产生的技术效果。实质上是从另一个角度考查了应试者对于创造性的把握,以及应试者在撰写独立权利要求时对技术内容的掌握情况。

二、分析客户所撰写的无效宣告请求书中的各项理由是否成立

2016年"专利代理实务"科目考试的第一题要求应试者根据题目给出的资料,对于客户自行撰写的无效宣告请求书中涉及的各项无效理由是否成立给出意见。该题目中共给出4份资料:包括涉案专利以及客户提供的对比文件1~3。

在具体分析各项无效宣告理由是否成立之前,应试者需要认真阅读题目中给出的4份素材,全面了解涉案专利以及所有对比文件的相关内容,并按照以下思路和步骤进行分析。

(一)分析客户提供的涉案专利的权利要求书

涉案专利的权利要求书共计4项权利要求,其中2项独立权利要求。独立权利要求1涉及一种具有搅拌工具的茶壶,从属权利要求2、3分别是对搅拌部以及其上的叶轮的进一步限定。通过茶壶上的搅拌工具可以对聚集在茶壶底部的茶叶进行搅拌,从而使其尽快地浸泡出味。独立权利要求4涉及一种具有弦月形护盖板的茶壶,设置在壶身靠近壶嘴的前缘开口

部位，并沿壶盖的周向延伸的弦月形护盖板可以防止茶壶在倾倒过程中壶盖向前滑动，避免茶水溢出。

（二）分析客户提供的对比文件

对于对比文件的分析需要从两个方面入手。一方面，在时间上，需要考察客户提供的对比文件是否构成涉案专利的现有技术，或者是否属于申请在先、公开（公告）在后的专利申请或者专利文件；另一方面，在内容上，需要考察这些对比文件是否能够影响涉案专利的权利要求的新颖性和/或创造性，以及是否构成抵触申请。

在时间上，对比文件1是申请在先、公开在后的中国专利文件，仅能用来评价权利要求的新颖性。对比文件2和对比文件3均构成了涉案专利的现有技术，可以用来评价权利要求的新颖性和创造性。

在内容上，对比文件1公开了一种多功能杯子，并公开了两个实施例：第一实施例的多功能杯子包括杯盖、搅拌棒和杯体，搅拌棒位于杯盖的内侧，并与杯盖一体成型。搅拌棒的端部可插接一桨型搅拌部。第二实施例的杯子包括杯盖、搅拌棒和杯体。搅拌棒的头部呈圆柱形。杯盖的内侧设有内径与搅拌棒的头部外径相同的插槽，搅拌棒的头部插入至杯盖的插槽内。搅拌棒采用可弯折的材料制成，其端部弯折出一个搅拌匙以形成搅拌部，从而方便搅拌。由此可见，对比文件1与涉案专利所涉及的并不是相同的技术领域，对比文件1没有公开权利要求1中的一种茶壶，包括壶身、壶嘴、壶盖及壶把，也没有公开在壶盖底面中央可拆卸地固定有一个向下延伸的搅拌棒，搅拌棒的端部可拆卸地固定有搅拌部，即对比文件1并没有公开权利要求1的技术方案，因此对比文件1不构成权利要求1的抵触申请。

对比文件2公开了一种茶壶，包括有壶身、壶嘴、壶盖及壶把。壶盖的底面中央一体成型有一向下延伸的搅拌匙，此搅拌匙呈偏心弯曲状，在壶盖盖合在壶身时，可伸置在壶身内部。

对比文件2与权利要求1涉及相同的技术领域，通过对比分析，权利要求1与对比文件2的区别在于权利要求1的壶盖底面中央可拆卸地固定有一个向下延伸的搅拌棒，搅拌棒的端部可拆卸地固定有搅拌部，而对比文件2中的搅拌匙与壶盖一体成型。

对比文件3公开了一种具有改良结构的茶杯，具有杯体、杯盖、塞杆，以及塞部。塞杆可拆卸地固定安装在杯盖的下表面上。塞杆的下端部插接有一个塞部，塞部表面包覆有滤网，底部沿径向方向上设有两片微弧状的压片2B。塞部可与圆柱形杯体配合，借以供作茶叶的搅拌及过滤的结构装置。

对比文件3虽然公开的是一种茶杯，不是权利要求1所涉及的茶壶，但是二者涉及的均是用于冲泡茶叶的容器，属于相近的技术领域。而且对比文件3公开了用于对冲泡中茶叶进行搅拌的塞杆、塞部与杯盖之间均采用可拆卸连接的技术方案。

在对题述的3份对比文件进行分析的基础上，需要进一步判断对比文件2和对比文件3是否有结合的技术启示，从而才能判断题述理由是否成立。

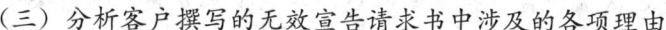

(三) 分析客户撰写的无效宣告请求书中涉及的各项理由

新颖性的评价需要把握两个基本原则：(1) 同样的发明或者实用新型。在进行新颖性判断时，要求涉案专利的权利要求与对比文件的技术领域、所解决的技术问题、技术方案和预期效果实质相同，重点是判断技术方案是否实质上相同。(2) 单独对比。在新颖性判断中，不能将几项现有技术或者一份对比文件中的多项技术方案进行组合对比。

如前所述，对比文件1所公开的内容与权利要求1的技术方案不是同样的发明，因此对比文件1不是权利要求1的抵触申请，不破坏权利要求1的新颖性。

题目中的理由1认为对比文件1既公开了壶盖与搅拌棒的可拆卸连接，又公开了搅拌部与搅拌棒的可拆卸连接，因此权利要求1相对于对比文件1不具备新颖性，实际上是将对比文件1中的两个实施例相结合来进行新颖性的评价，违反了新颖性判断中的单独对比原则，因此该项理由不能成立。

如前所述，对比文件2虽然与权利要求1涉及相同的技术领域，但是其技术方案存在区别，导致二者也不能构成相同的发明，因此题目中的理由2，即权利要求1相对于对比文件2不具备新颖性的理由也是不成立的。

而创造性的评价，需要根据最接近的现有技术，确定发明或实用新型实际解决的技术问题，并判断现有技术是否存在采用区别特征的技术启示。

通过对对比文件2的分析可以确定，权利要求1与对比文件2的区别在于：权利要求1的壶盖底面中央可拆卸地固定有一个向下延伸的搅拌棒，搅拌棒的端部可拆卸地固定有搅拌部，而对比文件2中的搅拌匙与壶盖一体成型。由上述区别特征确定权利要求1实际解决的技术问题是如何实现搅拌工具的安装和更换。为了解决搅拌工具安装和更换的问题，对比文件3公开了塞杆42、塞部43与杯盖41之间均采用可拆卸连接。一方面，当茶杯没有浸泡茶叶时，可以将用于搅拌的塞杆42、塞部43取下。另一方面，如果出现了零件损坏的情况，可以进行更换。由此可见，对于本领域技术人员来说，在对比文件3技术方案的启示下，很容易想到，为了解决对比文件2中存在的技术问题，将其中一体成型的搅拌结构替换为如对比文件3公开的可拆卸结构，从而得出权利要求1的技术方案。因此，可以认为现有技术在整体上存在相应的技术启示，权利要求1相对于对比文件2和对比文件3的结合不具备创造性。

对比文件3还公开了塞部的底部沿径向方向上设有两片微弧状的压片2B，从而为了对茶叶进行搅拌。因此，权利要求2相对于对比文件2和对比文件3的结合不具备创造性的理由是成立的。

但是题目中的理由3仅给出了结论，没有分析具体的理由。根据《专利法实施细则》第六十五条第一款的规定，在无效宣告程序中，需要结合证据对提出的无效宣告请求理由进行具体说明，所以尽管该项理由成立，但还需要对其具体理由陈述意见。

题目中的理由4考查应试者对《专利法实施细则》第二十条第二款的理解和运用能力。必要技术特征是指，发明或实用新型为解决其技术问题不可缺少的技术特征，其总合足以构成发明或实用新型的技术方案，使之区别于背景技术中所述的其他技术方案。判断某一技术特征是否是必要技术特征应当从发明或实用新型所解决的技术问题出发并考虑说明书描述的整体内容，不应简单地将实施例中技术特征直接认定为必要技术特征。题目中的理由4是不成立的。

题目中的理由5是成立的，但也没有具体说明理由，不符合《专利法实施细则》第六十五条第一款的规定。

题目中的理由6考查的是应试者是否能够准确理解《专利法实施细则》第六十五条第二款规定的无效宣告请求的范围。根据上述规定，当事人不能以权利要求之间缺乏单一性为由提出无效宣告请求。

第一题参考答案

尊敬的A公司：

很高兴贵方委托我代理机构代为办理有关请求宣告专利号为201311234567.x、名称为"茶壶"的发明专利无效宣告请求的有关事宜，经仔细阅读贵方提供的附件1~2以及对比文件1~3，我认为附件中各项理由是否成立的结论和理由如下：

1. 权利要求1相对于对比文件1不具备新颖性的理由不成立。

理由是：对比文件1是申请在先、公开在后的中国专利文件，仅能用来评价权利要求的新颖性。

但是对比文件1公开的技术方案不能评价权利要求1的新颖性。因为：

在内容上，对比文件1公开了一种多功能杯子，并公开了两个实施例：第一实施例的多功能杯子包括杯盖、搅拌棒和杯体，搅拌棒位于杯盖的内侧，并与杯盖一体成型。搅拌棒的端部可插接一浆型搅拌部。第二实施例的杯子包括杯盖、搅拌棒和杯体。搅拌棒的头部呈圆柱形。杯盖的内侧设有内径与搅拌棒的头部外径相同的插槽，搅拌棒的头部插入至杯盖的插槽内。搅拌棒采用可弯折的材料制成，其端部弯折出一个搅拌匙以形成搅拌部，从而方便搅拌。由此可见，对比文件1与涉案专利所涉及的并不是相同的技术领域，对比文件1没有公开权利要求1中的一种茶壶，包括壶身、壶嘴、壶盖及壶把，也没有公开在壶盖底面中央可拆卸地固定有一个向下延伸的搅拌棒，搅拌棒的端部可拆卸地固定有搅拌部，即对比文件1并没有公开权利要求1的技术方案，因此对比文件1不构成权利要求1的抵触申请。

附件2指出对比文件1的两个实施例分别公开了权利要求1特征部分的全部技术特征，实际上是使用了对比文件1的两个实施例的结合来评述权利要求1的新颖性，违反了新颖性判断的单独对比原则。

2. 权利要求1相对于对比文件2不具备新颖性的理由不成立。

对比文件2的公开日早于涉案专利的申请日，构成了现有技术。其公开了一种带有搅拌匙的茶壶，但是其中的搅拌匙与壶盖是一体成型的，对比文件2没有公开权利要求1的全部技术特征，二者的技术方案实质不同，因此对比文件2不能评价权利要求1的新颖性。

3. 使用对比文件2和对比文件3的结合可以评价权利要求2的创造性，理由成立。

但是根据《专利法实施细则》第六十五条第一款的规定，无效宣告请求人应当具体说明无效宣告请求的理由，提交证据的，应当结合所提交的证据具体说明。因此，针对以不符合《专利法》第二十二条第三款有关创造性的规定为由提出的无效宣告请求，应当指明最接近的现有技术，说明证据的组合方式，并结合涉案专利与对比文件的技术方案进行比较分析。

另一方面，鉴于之前关于权利要求1不具备新颖性的理由不成立，这里还需要指出权利要求1相对于对比文件2和对比文件3的结合不具备创造性的无效理由。❶

4. 权利要求1缺少必要技术特征的理由不成立。

根据说明书背景部分的记载：现有技术中存在的问题是使用搅拌棒或者筷子对茶壶里边的茶叶进行搅拌不方便不卫生，权利要求1通过在壶盖底面中央可拆卸地固定有一个向下延伸的搅拌棒，搅拌棒的端部可拆卸地固定有搅拌部。因此权利要求1的技术方案能够解决背景技术存在的技术问题，是一个完整的技术方案，不缺少必要技术特征。而搅拌部的具体结构能够进一步提高搅拌效率，是在权利要求1的技术方案的基础上的进一步限定，不是必要技术特征。

5. 权利要求3的保护范围不清楚，理由成立。

权利要求3引用权利要求1的技术方案缺乏引用基础，导致该技术方案不清楚，权利要求3引用权利要求2的技术方案是清楚的。

6. 权利要求4因缺乏单一性而应当被宣告无效的理由不成立。

根据《专利法实施细则》第六十五条第二款的规定，在无效宣告程序中，单一性不是无效宣告请求的理由，因此不能以权利要求之间不具备单一性为由提出无效宣告请求。

三、撰写无效宣告请求书

2016年"专利代理实务"科目考试的第二题要求应试者根据题目给出的素材为客户撰写无效宣告请求书，说明可提出无效宣告请求的范围、理由和证据。

应试者在认真阅读题目中给出的资料，全面了解涉案专利以及所有对比文件的相关内容以后，按照以下思路和步骤进行分析。

---

❶ 本题仅要求应试者对于附件2中所涉及的各项理由是否成立作答，因此在本题的答案中不要求应试者具体分析对比文件2结合对比文件3评价权利要求1、2创造性的理由。

（一）分析客户提供的对比文件是否需要作为证据提交以及与证据相关的无效理由

如前所述，对比文件1虽然在时间上可以用来考虑评价权利要求的新颖性，但是通过分析其所涉及的技术领域以及两个实施例所公开的技术方案，对比文件1不能构成涉案专利的抵触申请，因此对比文件1将不作为此次无效宣告请求的证据使用。

而对比文件2和对比文件3的结合将影响权利要求1~2的创造性，因此对比文件2和对比文件3将作为评价权利要求1、2的创造性的证据提交。

通过对对比文件2和对比文件3的分析可知，对比文件2和对比文件3中均没有公开如权利要求3所述的搅拌部的齿板上设有多个三角形凸齿的技术特征，也没有公开独立权利要求4所述的在壶身上设有弦月形护盖板的茶壶的技术方案。因此根据目前掌握的证据，不能以权利要求3、4缺少新颖性或创造性为由提出无效宣告请求。

（二）分析涉案专利的权利要求书是否存在其他可以提出无效宣告请求的缺陷

通过分析可知，权利要求3引用权利要求1的技术方案不清楚。

权利要求4限定了壶身上设有弦月形护盖板，根据说明书的记载：壶身1上设置有一弦月形护盖板13，该护盖板13从壶身1近壶嘴2的前缘开口部位沿壶盖3的周向延伸，并覆盖部分壶盖3，护盖板13可以防止壶盖在茶水倾倒过程中向前滑动，从而防止茶水溢出。由此可见，说明书中公开了一种具体的结构，弦月形护盖板只有设置在说明书记载的位置和延伸方向上，才能缩小护盖板与壶盖之间的缝隙，防止茶水溢出。而权利要求4的技术方案显然是在说明书公开内容的基础上概括了一个较宽的保护范围，涵盖了不能实现发明目的的技术方案，因此权利要求4得不到说明书的支持，不符合《专利法》第二十六条第四款的规定。

（三）确定无效宣告请求的范围、理由和证据的使用

在前述分析的基础上，可以确定无效宣告请求的范围、理由和证据为：权利要求1~2相对于对比文件2和对比文件3的结合不具备创造性；权利要求3引用权利要求1的技术方案不清楚，不符合《专利法》第二十六条第四款的规定；权利要求4没有以说明书为依据，不符合《专利法》第二十六条第四款的规定。因此，请求宣告权利要求1、2、4以及权利要求3引用权利要求1的技术方案无效。

（四）准备无效宣告请求书的撰写

第二题参考答案

根据《专利法》第四十五条和《专利法实施细则》第六十五条的规定，请求人请求宣告专利号为201311234567.x、名称为"茶壶"的发明专利（以下简称该专利）部分无效，具体理由如下。

1. 关于证据。

请求人提交如下对比文件作为证据使用：

对比文件2：专利号为ZL201020789117.7的实用新型专利说明书，授权公告日为2011年3月23日；

对比文件3：专利号为ZL99265446.9的实用新型专利说明书，授权公告日为2000年10月19日。

2. 权利要求1相对于对比文件2和对比文件3的结合不具备创造性，不符合《专利法》第二十二条第三款的规定。

权利要求1涉及一种茶壶，对比文件2作为最接近的现有技术，公开了一种茶壶，并具体公开了以下技术特征（参见说明书第8～10行、附图1）：本实用新型的茶壶包括有壶身30、壶嘴31、壶盖32及壶把33。壶盖32的底面中央一体成型有一向下延伸的搅拌匙34，此搅拌匙34呈偏心弯曲状，在壶盖32盖合在壶身30时，可伸置在壶身30内部。

权利要求1与对比文件2的区别在于：权利要求1的壶盖底面中央可拆卸地固定有一个向下延伸的搅拌棒，搅拌棒的端部可拆卸地固定有搅拌部；而对比文件2中的搅拌匙与壶盖一体成型。由上述区别技术特征确定权利要求1实际解决的技术问题是如何实现搅拌工具的安装和更换。

对比文件3公开了一种茶杯，并具体公开了以下技术特征（参见说明书第6～9行、附图1）：本实用新型改良结构的茶杯，具有一杯体40、杯盖41、塞杆42，以及塞部43。塞杆42可拆卸地固定安装在杯盖41的下表面上。塞杆42的下端部插接有一个塞部43，塞部43表面包覆有滤网，底部沿径向方向上设有两片微弧状的压片2B。塞部43可与圆柱形杯体40配合，借以供作茶叶的搅拌及过滤的结构装置。由于塞杆42、塞部43与杯盖41之间均采用可拆卸连接，一方面，当茶杯没有浸泡茶叶时，可以将用于搅拌的塞杆42、塞部43取下；另一方面，如果出现了零件损坏的情况，可以进行更换。

对于本领域的技术人员来说，为了解决搅拌工具的安装和更换的问题，可以采用对比文件3所公开的两端可拆卸的搅拌工具，其在对比文件3中的作用与区别特征在权利要求1中的作用是相同的。因此，对比文件3给出了将两端可拆卸的搅拌工具应用到对比文件2以解决上述技术问题的技术启示，因此对于本领域技术人员来说，将对比文件2和对比文件3相结合得到权利要求1的技术方案是显而易见的，权利要求1没有突出的实质性特点和显著的进步，不具备创造性，不符合《专利法》第二十二条第三款的规定。

3. 权利要求2不具备《专利法》第二十二条第三款规定的创造性。

从属权利要求2的附加技术特征进一步限定了"所述搅拌部为一叶轮，所述叶轮的底部沿径向方向设有齿板"。对比文件3公开了塞部43可与圆柱形杯体40配合，借以供作茶叶的搅拌及过滤的结构装置。塞部的底部沿径向方向上设有两片微弧状的压片2B。上述技术特征在对比文件3中所起的作用与其在权利要求2中所起的作用相同，都是为了对茶叶进行搅拌，因此在其所引用的权利要求1不具备创造性的情况下，权利要求2相对于对比文件2和对比文件3的结合也不具备创造性，不符合《专利法》第二十二条第三款的规定。

4. 从属权利要求3引用权利要求1的技术方案不清楚，不符合《专利法》第二十六条第四款的规定。

权利要求3是对齿板的进一步限定，其中的"齿板"在独立权利要求1中没有记载，因此权利要求3引用权利要求1的技术方案缺乏引用基础，导致其保护范围不清楚，不符合《专利法》第二十六条第四款的规定。

5. 权利要求4得不到说明书的支持，不符合《专利法》第二十六条第四款的规定。

权利要求4限定了壶身上设有弦月形护盖板，根据说明书的记载：壶身1上设置有一弦月形护盖板13，该护盖板13从壶身1近壶嘴2的前缘开口部位沿壶盖3的周向延伸，并覆盖部分壶盖3，护盖板13可以防止壶盖在茶水倾倒过程中向前滑动，从而防止茶水溢出。由此可见，说明书中公开了一种具体的结构，弦月形护盖板只有设置在说明书记载的位置和延伸方向上，才能缩小护盖板与壶盖之间的缝隙，防止茶水溢出。而权利要求4的方案显然是在说明书公开内容的基础上概括了一个较宽的保护范围，涵盖了不能实现发明目的的技术方案，因此权利要求4得不到说明书的支持，不符合《专利法》第二十六条第四款的规定。

综上所述，请求宣告专利号为201311234567.x、名称为"茶壶"的发明专利的权利要求1、2，权利要求3引用权利要求1的技术方案，权利要求4无效。

四、撰写权利要求书

2016年"专利代理实务"科目考试的第三题要求应试者根据题目给出的素材为客户撰写实用新型专利申请的权利要求书。在撰写权利要求书时，应试者应当认真阅读、全面了解技术交底材料和现有技术的相关内容，撰写出既符合《专利法》和《专利法实施细则》相关规定，又能最大化地维护客户利益的权利要求书。在答题时可以按照以下的思路和步骤进行。

（一）确定技术交底材料相对于现有技术所解决的技术问题

本试题中，涉案专利及对比文件1~3均构成了技术交底材料的现有技术。虽然现有技术中的茶壶或杯子均带有搅拌工具，但是这些搅拌工具均固定连接在杯盖和/或壶盖上或者与壶盖一体成型，这样在进行搅拌操作时，只有在水平方向上旋转杯盖，不能在上下方向对聚集在茶壶底部的茶叶进行搅拌，使得搅拌既不充分，也不方便。技术交底材料中记载了3个实施例，这3个实施例均利用了现有茶壶杯盖上的通气孔，将搅拌工具放置在该通气孔中，从而方便搅拌工具在通气孔中的旋转与拉动。

(二) 确定独立权利要求的保护范围

独立权利要求应当从整体上反映发明的技术方案，记载解决技术问题的必要技术特征。为了达到使客户的利益最大化的目标，应试者不能简单地照抄技术交底材料中的实施方式，应当对其中的实施方式进行适当概括，以避免所撰写的权利要求的保护范围太小。

如前所述，与现有技术相比，技术交底材料中的3个实施例尽管涉及不同结构的搅拌部以及搅拌工具与茶壶的不同连接方式，但是这3个实施例都是将搅拌工具插入到通气孔中，因此可以确定撰写的独立权利要求的最大保护范围。

(三) 根据实施例撰写适当数量的从属权利要求

为了形成较好的保护梯度，应当根据实施例的具体内容撰写从属权利要求。本次考试没有要求应试者撰写分案申请，但要求将技术交底材料中的3个实施例进行总结归纳，撰写出一个最合适范围的独立权利要求，以及适当数量的从属权利要求。3个实施例之间内容互有交叉，又各自不同，应试者需要在正确、全面理解技术交底材料的基础上，理清思路，正确构架从属权利要求的结构和顺序，并调整权利要求之间的引用关系，避免从属权利要求保护范围不清楚的情况出现。

第三题参考答案

1. 一种茶壶，包括壶身、壶嘴、壶把、壶盖和搅拌工具，所述壶盖上设置有一个穿透壶盖面的通气孔，其特征在于：所述搅拌工具穿过所述通气孔，并在通气孔中拉动和旋转。

2. 如权利要求1所述的茶壶，其特征在于：所述搅拌工具包括把手、杆部和搅拌部。

3. 如权利要求2所述的茶壶，其特征在于：所述搅拌部为螺旋形搅拌部。

4. 如权利要求3所述的茶壶，其特征在于：所述螺旋形搅拌部是在杆部的轴向上保持规定的间距而螺旋形延伸形成的。

5. 如权利要求4所述的茶壶，其特征在于：所述螺旋形搅拌部的内部可容纳球状水质改良剂。

6. 如权利要求3所述的茶壶，其特征在于：所述螺旋形搅拌部是在杆部的轴周围伸出螺旋形的叶片板而形成的。

7. 如权利要求2～6任意一项所述的茶壶，其特征在于：所述杆部和搅拌部一体成型，所述把手与所述杆部可拆卸连接。

8. 如权利要求2～5任意一项所述的茶壶，其特征在于：所述杆部和把手一体成型，所述杆部和搅拌部之间可拆卸连接。

9. 如权利要求8所述的茶壶，其特征在于：所述搅拌部的前端固定有十字接头,所述杆部的前端插入十字接头的突出部。

10. 如权利要求 9 所述的茶壶,其特征在于:所述搅拌部由弹性材料制成。

五、技术问题和技术效果分析

2016 年"专利代理实务"科目考试的第四题要求应试者说明所撰写的独立权利要求相对于涉案专利解决的技术问题和达到的技术效果。

这道题目的设置是提醒应试者,在对技术交底材料进行理解和分析时,要注意从解决的技术问题出发,考虑其能够达到的技术效果,撰写出能够获得最大保护范围的独立权利要求。并且确定解决的技术问题也是创造性判断"三步法"的重要一步,通过该道题目的设置,也考查了应试者对于"三步法"的掌握情况。

第四题参考答案

涉案专利的茶壶在壶盖底面中央可拆卸地固定有一个搅拌工具,仅能够通过旋转壶盖带动搅拌工具的旋转而搅拌茶叶,使得茶叶浸泡不均匀,权利要求 1 所要解决的技术问题就是由于涉案专利的茶壶与搅拌工具的固定连接而造成的茶叶搅拌不均匀的问题。

权利要求 1 中搅拌工作可贯穿地穿过壶盖上的通气孔,搅拌工具在通气孔中不仅可以旋转操作,还可以上下拉动,这样搅拌工具可以起到泵的作用,使得茶壶下部的水可以流动到茶壶上部,从而达到更加方便、均匀地冲泡茶叶的技术效果。